《华夷译语》（甲种本）
音译汉字研究

A Study of Chinese Characters Denoting Mongolian
Vocabulary in the *Hua Yi Yi Yü* (Version A)

布日古德　著

中国社会科学出版社

图书在版编目（CIP）数据

《华夷译语》（甲种本）音译汉字研究 / 布日古德著 . —北京：中国社会科学出版社，2012.11

ISBN 978 - 7 - 5161 - 1741 - 5

Ⅰ. ①华… Ⅱ. ①布… Ⅲ. ①蒙古语（中国少数民族语言）-音译 - 汉字 - 研究 Ⅳ. ①H212.59

中国版本图书馆 CIP 数据核字（2012）第 268645 号

出 版 人	赵剑英	
责任编辑	任 明	
责任校对	林福国	
责任印制	王 超	

出 版	中国社会科学出版社	
社 址	北京鼓楼西大街甲 158 号（邮编 100720）	
网 址	http://www.csspw.cn	
	中文域名：中国社科网	010 - 64070619
发 行 部	010 - 84083685	
门 市 部	010 - 84029450	
经 销	新华书店及其他书店	

印 刷	北京奥隆印刷厂
装 订	北京市兴怀印刷厂
版 次	2012 年 11 月第 1 版
印 次	2012 年 11 月第 1 次印刷

开 本	710×1000 1/16
印 张	14
字 数	150 千字
定 价	45.00 元

凡购买中国社会科学出版社图书，如有质量问题请与本社联系调换
电话：010 - 64009791

编委会及编辑部成员名单

（一）编委会

主　任：李　扬　王晓初

副主任：晋保平　张冠梓　孙建立　夏文峰

秘书长：朝　克　吴剑英　邱春雷　胡　滨（执行）

成　员（按姓氏笔划排序）：

卜宪群　王利明　王国刚　王建朗　王　巍　厉　声　刘　伟

朱光磊　朱佳木　吴玉章　吴恩远　吴振武　张世贤　张宇燕

张伯里　张昌东　张顺洪　李　平　李汉林　李向阳　李　周

李　林　李培林　李　薇　杨　光　杨　忠　陆建德　陈众议

陈泽宪　陈春声　卓新平　周五一　周　弘　房　宁　罗卫东

郑秉文　金　碚　赵天晓　赵剑英　高培勇　黄　平　朝戈金

程恩富　谢地坤　谢红星　谢寿光　谢维和　韩　震　蔡文兰

蔡　昉　裴长洪　潘家华

（二）编辑部

主　任：张国春　刘连军　薛增朝　李晓琳

副主任：宋　娜　卢小生　高传杰

成　员（按姓氏笔划排序）：

刘丹华　孙大伟　金　烨　陈　颖　袁　媛　曹　靖　薛万里

序　一

博士后制度是 19 世纪下半叶首先在若干发达国家逐渐形成的一种培养高级优秀专业人才的制度，至今已有一百多年历史。

20 世纪 80 年代初，由著名物理学家李政道先生积极倡导，在邓小平同志大力支持下，中国开始酝酿实施博士后制度。1985 年，首批博士后研究人员进站。

中国的博士后制度最初仅覆盖了自然科学诸领域。经过若干年实践，为了适应国家加快改革开放和建设社会主义市场经济制度的需要，全国博士后管理委员会决定，将设站领域拓展至社会科学。1992 年，首批社会科学博士后人员进站，至今已整整 20 年。

20 世纪 90 年代初期，正是中国经济社会发展和改革开放突飞猛进之时。理论突破和实践跨越的双重需求，使中国的社会科学工作者们获得了前所未有的发展空间。毋庸讳言，与发达国家相比，中国的社会科学在理论体系、研究方法乃至研究手段上均存在较大的差距。正是这种差距，激励中国的社会科学界正视国外，大量引进，兼收并蓄，同时，不忘植根本土，深究国情，开拓创新，从而开创了中国社会科学发展历史上最为繁荣的时期。在短短 20 余年内，随着学术交流渠道的拓宽、交流方式的创新和交流频率的提高，中国的社会科学不仅基本完成了理论上从传统体制向社会主义市场经济体制的转换，而且在中国丰富实践的基础上展开了自己的伟大创造。中国的社会科学和社会科学工作者们在改革开放和现代化建设事业中发挥了不可替代的重要作用。在这个波澜壮阔的历史进程中，中国社会科学博士后制度功不可没。

值此中国实施社会科学博士后制度创设 20 周年之际，为了充分展示中国社会科学博士后的研究成果，推动中国社会科学博士后制度进一步发展，全国博士后管理委员会和中国社会科学院经反复磋商，并征求了多家设站单位的意见，决定推出《中国社会科学博士后文库》（以下简称《文库》）。作为一个集中、系统、全面展示社会科学领域博士后优秀成果的学术平台，《文库》将成为展示中国社会科学博士后学术风采、扩大博士后群体的学术影响力和社会影响力的园地，成为调动广大博士后科研人员的积极性和创造力的加速器，成为培养中国社会科学领域各学科领军人才的孵化器。

创新、影响和规范，是《文库》的基本追求。

我们提倡创新，首先就是要求，入选的著作应能提供经过严密论证的新结论，或者提供有助于对所述论题进一步深入研究的新材料、新方法和新思路。与当前社会上一些机构对学术成果的要求不同，我们不提倡在一部著作中提出多少观点，一般地，我们甚至也不追求观点之"新"。我们需要的是有翔实的资料支撑，经过科学论证，而且能够被证实或证伪的论点。对于那些缺少严格的前提设定，没有充分的资料支撑，缺乏合乎逻辑的推理过程，仅仅凭借少数来路模糊的资料和数据，便一下子导出几个很"强"的结论的论著，我们概不收录。因为，在我们看来，提出一种观点和论证一种观点相比较，后者可能更为重要：观点未经论证，至多只是天才的猜测；经过论证的观点，才能成为科学。

我们提倡创新，还表现在研究方法之新上。这里所说的方法，显然不是指那种在时下的课题论证书中常见的老调重弹，诸如"历史与逻辑并重"、"演绎与归纳统一"之类；也不是我们在很多论文中见到的那种敷衍塞责的表述，诸如"理论研究与实证分析的统一"等等。我们所说的方法，就理论研究而论，指的是在某一研究领域中确定或建立基本事实以及这些事实之间关系的假设、模型、推论及其检验；就应用研究而言，则指的是根据某一理论假设，为了完成一个既定目标，所使用的具体模型、技术、工具或程序。众所周知，在方法上求新如同在理论上创新一样，殊非易事。因此，我们亦不强求提出全新的理论方法，我们的最低要求，是要按照现代社会科学的研究规范来展开研究并构造论著。

我们支持那些有影响力的著述入选。这里说的影响力，既包括学术影响力，也包括社会影响力和国际影响力。就学术影响力而言，入选的成果应达到公认的学科高水平，要在本学科领域得到学术界的普遍认可，还要经得起历史和时间的检验，若干年后仍然能够为学者引用或参考。就社会影响力而言，入选的成果应能向正在进行着的社会经济进程转化。哲学社会科学与自然科学一样，也有一个转化问题。其研究成果要向现实生产力转化，要向现实政策转化，要向和谐社会建设转化，要向文化产业转化，要向人才培养转化。就国际影响力而言，中国哲学社会科学要想发挥巨大影响，就要瞄准国际一流水平，站在学术高峰，为世界文明的发展作出贡献。

我们尊奉严谨治学、实事求是的学风。我们强调恪守学术规范，尊重知识产权，坚决抵制各种学术不端之风，自觉维护哲学社会科学工作者的良好形象。当此学术界世风日下之时，我们希望本《文库》能通过自己良好的学术形象，为整肃不良学风贡献力量。

中国社会科学院副院长
中国社会科学院博士后管理委员会主任
2012 年 9 月

序 二

在 21 世纪的全球化时代，人才已成为国家的核心竞争力之一。从人才培养和学科发展的历史来看，哲学社会科学的发展水平体现着一个国家或民族的思维能力、精神状况和文明素质。

培养优秀的哲学社会科学人才，是我国可持续发展战略的重要内容之一。哲学社会科学的人才队伍、科研能力和研究成果作为国家的"软实力"，在综合国力体系中占据越来越重要的地位。在全面建设小康社会、加快推进社会主义现代化、实现中华民族伟大复兴的历史进程中，哲学社会科学具有不可替代的重大作用。胡锦涛同志强调，一定要从党和国家事业发展全局的战略高度，把繁荣发展哲学社会科学作为一项重大而紧迫的战略任务切实抓紧抓好，推动我国哲学社会科学新的更大的发展，为中国特色社会主义事业提供强有力的思想保证、精神动力和智力支持。因此，国家与社会要实现可持续健康发展，必须切实重视哲学社会科学，"努力建设具有中国特色、中国风格、中国气派的哲学社会科学"，充分展示当代中国哲学社会科学的本土情怀与世界眼光，力争在当代世界思想与学术的舞台上赢得应有的尊严与地位。

在培养和造就哲学社会科学人才的战略与实践上，博士后制度发挥了重要作用。我国的博士后制度是在世界著名物理学家、诺贝尔奖获得者李政道先生的建议下，由邓小平同志亲自决策，经国务院批准于 1985 年开始实施的。这也是我国有计划、有目的地培养高层次青年人才的一项重要制度。二十多年来，在党中央、国务院的领导下，经过各方共同努力，我国已建立了科学、完备的博士后制度体系，同时，形成了培养和使用相结合，产学研相结合，政府调控和社会参与相结合，服务物质文明与精神文明建设的鲜明特色。通过实施博士后制度，我国培养了一支优秀的高素质哲学社会科学人才队伍。他们在科研机构或高等院校依托自身优势和兴趣，自主从事开拓性、创新性研究工作，从而具有宽广的学术视野、突出的研究能力和强烈的探索精神。其中，一些出站博士后已成为哲学社会科学领域的科研骨干和学术带头人，在"长江学者"、"新世纪百千万人才工程"等国家重大科研人才梯队中占据越来越大的比重。可以说，博士后制度已成为国家培养哲学社会科学拔尖人才的重要途径，而且为哲学社会科学的发展造就了一支新的生力军。

哲学社会科学领域部分博士后的优秀研究成果不仅具有重要的学术价值，而且具有解决当前社会问题的现实意义，但往往因为一些客观因素，这些成果不能尽快问世，不能发挥其应有的现实作用，着实令人痛惜。

可喜的是，今天我们在支持哲学社会科学领域博士后研究成果出版方面迈出了坚实的一步。全国博士后管理委员会与中国社会科学院共同设立了《中国社会科学博士后文库》，每年在全国范围内择优出版哲学社会科学博士后的科研成果，并为其提供出版资助。这一举措不仅在建立以质量为导向的人才培养机制上具有积极的示范作用，而且有益于提升博士后青年科研人才的学术地位，扩大其学术影响力和社会影响力，更有益于人才强国战略的实施。

今天，借《中国社会科学博士后文库》出版之际，我衷心地希望更多的人、更多的部门与机构能够了解和关心哲学社会科学领域博士后及其研究成果，积极支持博士后工作。可以预见，我国的博士后事业也将取得新的更大的发展。让我们携起手来，共同努力，推动实现社会主义现代化事业的可持续发展与中华民族的伟大复兴。

人力资源和社会保障部副部长

全国博士后管理委员会主任

2012 年 9 月

前　言

中世纪蒙古语文献中，有一些用汉字拼写蒙古语的重要文献资料。其中，明朝初期成书的《华夷译语》（甲种本）与《蒙古秘史》是最具代表性的产物。元明时期，曾经刊行过用汉字拼写蒙古语的多种文献资料。这些用来拼写蒙古语的汉字符号，在相关学术界有着不同的称呼。比如说，常见的有"音译汉字"、"汉字注音"、"汉字音标"等等。然而，在本书中，我们使用"音译汉字"这一学术概念，称呼拼写蒙古语的汉字符号系统。

本书的主要内容是，对于明朝初期用汉字拼写的蒙古语文献《华夷译语》（甲种本）的音译汉字进行系统、全面、科学的分析与研究，阐述其音译汉字使用特征及其拼写规则，并科学地论述音译汉字的基础音系结构特征。《华夷译语》（甲种本）的成书年代与《蒙古秘史》极其接近，而且用字特征以及拼写规则也可以说同属一个结构类型。因此，我们将《华夷译语》（甲种本）与《蒙古秘史》相结合的形式进行分析与探讨，论述《华夷译语》（甲种本）音译汉字的整体结构特征与基础音系。

在这里，还有必要从历史文献学以及资料学科的角度，对《华夷译语》（甲种本）及《蒙古秘史》两部文献内容及其书写形式作如下分析性概述。

（1）《华夷译语》是番语与汉语对译辞书的综合名称。明清时期，刊行过多种《华夷译语》版本。日本学者石田干之助在他的相关研究中，把《华夷译语》分为甲、乙、丙三种版本。

甲种本是，洪武十五年（1382 年），由翰林院侍讲火源洁、编修马沙亦黑等人奉命编辑，翰林院学士刘三吾撰序，洪武二十二年（1389 年）刊行的《华夷译语》版本。该书由汉语蒙古语对照词汇集与 12 部例文组成。

乙种本是，明永乐五年（1407），由四夷馆编纂而成的汉语与多种番语对译辞书。该书由"杂字"与"来文"两个部分组成。

丙种本是，明清时代会同馆官员为了学习外语而编纂的辞书。与乙种本同样，也是汉语与多种番语的对译辞书。该书只有对译词汇集部分，没有"来文"部分。

本文主要对《华夷译语》甲种本的音译汉字进行分析与研究。在此采用的版本为《涵芬楼秘笈》第四集所载《华夷译语》版本，以下我们将《华夷译语》（甲种本）略称为《译语》。

这里所说的《译语》主要由三卷组成。

《译语》的第一卷是汉语与蒙古语对译词汇集。其中，共收录 844 个词语，并分别归属于 17 个门类。在括弧中的数字，表示同一门类下的词语数目。

第一卷

1. 天文门（19）　　2. 地理门（38）　　3. 时令门（24）

4. 花木门（38）　　5. 鸟兽门（116）　　6. 宫室门（17）

7. 器用门（71）　　8. 衣服门（26）　　9. 饮食门（28）

10. 琮宝门（13）　　　11. 人物门（86）　　　12. 人事门（140）

13. 声色门（17）　　　14. 数目门（35）　　　15. 身体门（76）

16. 方隅门（17）　　　17. 通用门（83）

　　《译语》第二卷和第三卷是蒙古文例文部分。其中，包括5个诏令和7个文书。它们分别是：

第二卷

1. 诏阿札失里

2. 勅僧亦邻真减卜

3. 诰文

4. 勅礼部行移应昌卫

5. 勅礼部行移安答纳哈出

第三卷

1. 撒蛮荅失舌里等书

2. 纳门驸马书

3. 脱儿豁察儿书

4. 失列门书

5. 捏怯来书

6. 捏怯来书

7. 曩加思千户状

　　上述三卷《译语》都是用音译汉字拼写蒙古语语音的形式书写而成的。在第二卷还附有汉语"旁译"和"意译"等内容，第三卷只有汉语"旁译"，没有"意译"部分。本文，主要依据栗林均的

《华夷译语（甲种本）蒙古语全部词语·词缀索引》① 中提出的分类内容与编号顺序，对于音译汉字展开深入讨论。由于《译语》与《蒙古秘史》的音译汉字间存在着十分密切的内在联系，所以《译语》的研究与《秘史》的研究之间也有着许多能够相互借鉴或引用的内容。甚至，可以说有关《译语》的许多研究成果，自然成为《蒙古秘史》音译汉字研究的重要学术依据。因此，我们在第一章中，阐述前人的研究情况时，对《蒙古秘史》与《译语》两部文献资料的研究成果，以及其中存在的一些问题或疑点一同展开分析与论述。

《蒙古秘史》（以下略为《秘史》）是描写 13 世纪统一蒙古高原各部，并建立蒙古帝国的成吉思汗一生与他的后继者窝阔台汗治世的一部历史文献。由于，《秘史》是体现中古蒙古语的重要文献资料，多年来一直受到各国相关专家学者的高度重视，并且对《秘史》做了多方面、多层次、多视角的大量科研工作。甚至，在相关学术界，该研究领域被称为《蒙古秘史学》，并已形成了一种独立的学科领域。

现存的《秘史》是用汉字拼写蒙古语原文的版本，其成书年代大约与《译语》相同，均为明朝初期的产物。学术界的很多研究结果表明，《秘史》的原文是用回鹘式蒙古文书写而成的。这种学术观点已得到多数专家学者的认可，进而他们从各自的角度，对《秘史》中的蒙古语展开了一系列的分析与研究工作。但是，至今为止《秘史》的蒙古文原文还未被世人所发现。现存的音译汉字版本是研究

---

①栗林均的《华夷译语（甲种本）蒙古语全部词语·词缀索引》中使用的拉丁文转写方式，主要依据了 Louis Ligeti 的转写方式。而且，该书对词语的编号也较为规范、科学，因此本书主要根据这部索引展开论述。

《秘史》的唯一一部弥足珍贵的文献资料。

毫无疑问，音译汉字本《秘史》与《译语》，为我们提供了了解中古蒙古语语音结构体系、词汇及语法构造特征的重要而不可或缺的科学依据，同时，也是体现明朝初期汉语语音特征的重要资料。

摘　要

　　本书对中古蒙古语重要文献《华夷译语》（甲种本）音译汉字进行了全面、系统的分析与研究，科学论述了音译汉字的拼写规则及其基础音系结构特征。

　　本书主要由前言，第一章的音译汉字研究概况，第二章的《译语》音译汉字与《中原音韵》韵母类型对应关系研究，第三章的《译语》音译汉字的基础音系分析研究，第四章的《译语》音译汉字在韵书中的归类分析表以及结语等章节与内容组成。

　　通过对音译汉字全面、系统的科学分析，作者进一步论证了音译汉字与《中原音韵》韵母类型的对应规律。同时，确立了辨别音译汉字基础音系的最有效、最科学的研究方法论。即科学分析中古宕摄、江摄入声字与中古梗摄、曾摄一、二等入声字，在《华夷译语》（甲种本）中的拼写规则及使用原理。从而进一步科学论证了《华夷译语》（甲种本）音译汉字与《蒙古秘史》音译汉字相同，均属于北方音系范畴的学术论断。

Abstract

The research findings mainly analyze and study the Chinese Characters denoting Mongolian Vocabulary of *Hua Yi Yi Yü* (version A) in a comprehensive, systematic and scientific manner, and scientifically discuss the use features and spelling rules of Chinese Characters denoting Mongolian Vocabulary. On this basis, the most effective and scientific research methodology for distinguishing basic phonetic structures research of Chinese Characters denoting Mongolian Vocabulary is established, therefore, the academic thesis that both the Chinese Characters denoting Mongolian Vocabulary of *Hua Yi Yi Yü* (version A) and the Chinese Characters denoting Mongolian Vocabulary of *The Secret History of the Mongols* belong to northern mandarin phonetic system structures filed is further expounded.

The research of Chinese Characters denoting Mongolian Vocabulary of *Hua Yi Yi Yü* (version A) is a wide range of scientific research with cross-academic value across discipline, nation and language. And it is especially an important theoretical result of the reconstruction of medieval Mongolian voice, vocabulary and grammar. Thereby, it completely can be said that the findings of this research fill some gaps and shortcomings in the disciplines in a certain sense.

凡 例

序号	符号	说明
1	C	辅音
2	V	元音
3	VV	元音加元音的语音结构类型。
4	C + A	辅音 + 元音 a 的语音结构类型。如，"納"
5	C + E	辅音 + 元音 e 的语音结构类型。如，"客"
6	C + I	辅音 + 元音 i 的语音结构类型。如，"吉"
7	C + O/Ö	辅音 + 元音 o/ö 的语音结构类型。如，"脱"
8	C + U/ü	辅音 + 元音 u/ü 的语音结构类型。如，"兀"
9	C + VV	辅音 + 二二合元音的语音结构类型。如，"愛"
10	C + V + N	辅音 + 元音 + 辅音 n 的语言结构类型。如，"昂"
11	C + V + M	辅音 + 元音 + 辅音 m 的语言结构类型。如，"含"
12	C + V + NG	辅音 + 元音 + 辅音 ng 的语言结构类型。如，"勇"
13	曾摄	中古汉语韵母结构类型的分类名称。例如，"克"
14	梗摄	中古汉语韵母结构类型的分类名称。例如，"伯"
15	宕摄	中古汉语韵母结构类型的分类名称。例如，"格"
16	江摄	中古汉语韵母结构类型的分类名称。例如，"卓"
17	果摄	中古汉语韵母结构类型的分类名称。例如，"哥"
18	端母	中古汉语韵母结构类型的分类名称。例如，"刀"
19	↕	表示语音对应关系的符号
20	斜线	表示语音对应关系的符号
21	↔	表示语音对应关系的符号
22	⇨	表示语言演变过程的符号
23	▯	表示音变的因果关系的符号

目　　录

Contents

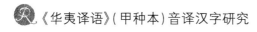

第一章 音译汉字研究概况

《译语》与《秘史》两部文献的研究，一直以来都受到相关学术界的高度重视。多年来，各国学者对于这两部文献的音译汉字进行了不同视角、不同层面的分析与研究。在此，我们首先概述汉字音译本《译语》与《秘史》的成书年代，与此同时阐述《译语》与《秘史》音译汉字研究的基本概况，及其相关理论观点等。

1.1 汉字音译本《秘史》与《译语》成书年代

根据我们所掌握的第一手资料，现存的汉字音译本《译语》与《秘史》的成书年代，学术界基本上公认为 14 世纪后半期的明朝初期。这种学术观点的重要依据之一是编纂《译语》时洪武帝下达的敕令。该敕令的具体内容如下：

命，翰林院侍讲火原潔等，编類華夷译语。上以前元素無文字。発號施令，但借高昌之书，製为蒙古字，以通天下之言。至是乃命火原潔與编修馬沙亦黑等，以華言译其语。凡天文，地理，人事，物类，服食，器用，靡不具载。復取元秘史参考。紐切其字，以諧其聲音。既成。詔刊行之。自是使臣往復朔漠，皆能通達其情。①

　　上述敕令载于《大明实録》(《大明太祖高皇帝实録》) 141 卷，洪武十五年正月丙戌 (1382 年) 的条目。从该敕令中不难看出，《译语》一书是为提高诸使臣的外语能力，也就是蒙古语能力而编纂的蒙汉对译辞书。在相关学术界，这个敕令的内容成为研究《译语》和《秘史》两本文献成书年代以及音译年代先后关系的重要焦点。

　　敕令中并没有说明，在此提到的《秘史》是蒙古文原文本，还是音译汉字本的问题。但是，至少该敕令说明了《秘史》这部文献在明朝初期就已存在的事实。同时，还说明了，音译者在编纂《译语》时，《秘史》在当时已成为他们手中的重要参考资料。

　　关于该敕令中的"復取元秘史参考"一句，在学术界有着不同看法及解释。本书中，依据不同学者的不同学术见解和观点，作了如下三个方面的归纳：

　　观点 1：那珂通世认为，编纂《译语》时，《秘史》的音译汉字版本不但存在于世，而且《译语》是参考《秘史》的音译汉字本编纂而成②。

　　观点 2：陈彬龢，小林高四郎等认为，被作为参考资料的《秘史》是蒙古文原文本。因为《秘史》的蒙古文原文本中，记录了诸多天文、地理等方面的名词术语。正因为如此，《译语》的编纂需要参考蒙古文原文版本的《秘史》③。

---

① 参阅《大明太祖高皇帝实録》。
② 那珂通世 1943 序论，pp. 13—14。
③ 陳彬龢 1929，新序，p. 36。小林高四郎 1941，p. 220。

观点3：小泽重男认为，"巴字本秘史"的卷一与卷二和《译语》词汇集，同时最先被音译出来。进而，他提出，编纂《译语》的来文时参考了"巴字本秘史"①。这里所指的"巴字本秘史"是小泽重男假定的一种版本，主要是指类似现存《秘史》卷一与卷二的拼写方式的版本。卷一与卷二同其他十卷的不同之处在于，拼写蒙古语的过去完成时语法形态变化的词缀 – ba/ – be，在卷一与卷二中一般使用"巴"字拼写，然而在其他十卷中则使用了"罷"字拼写。

除上述三种观点之外，还有村山七郎的研究值得关注。他虽然没有直接对洪武帝敕令中的"復取元秘史参考"一句进行分析，但是对于音译汉字的拼写方式与规则进行了严格意义上的分析，从而阐述了《译语》与《秘史》音译本成书年代的先后关系。

村山七郎在词汇类型分析论原理基础上，对蒙古语副动词词缀 – ju/–ču 的区别性拼写规则，做了非常详尽的分析与探讨。从而，最终指出，《译语》不可能是在《秘史》全文音译结束之后，才被音译完成的学术论点②。他的这一说法，与上述观点1完全对立。

而观点3中，也没有列举出"巴字本秘史"卷一与卷二，先于《译语》来文部分的具体依据。关于这一点，村山七郎认为，在《秘史》卷一与卷二中，蒙古语与位格领属形态变化词缀 – duriyan 和 – turiyan 有区别性拼写倾向。基于这种结论，他对《译语》与《秘史》两部文献的音译年代先后关系作了如下说明：

---

①参照小泽重男，1994，pp. 219—226
②参照村上七郎，1961，p. 118。

《译语》（及来文）⇨《秘史》卷一卷二⇨秘史卷三至卷十二①

他用非常有力的论据来证实《秘史》的卷一与卷二是《译语》来文被音译后，才被音译成书的科学论点。所以，我们不应该轻易否定观点 3 中提到的相关疑点。

综上所述，观点 2 的解释，到目前为止被视为最有说服力的论点。众所周知，《译语》里所包含的词汇量并不是很多，仅用这些有限的词汇来培养所谓蒙汉翻译官，还远远不够或达不到理想目标。正因为如此，不得不参考《秘史》中出现的数量可观，而且内容极其丰富的词汇内容，以及相关的语法形态变化现象及文章构成体系等方面的实例。

总之，《译语》与《秘史》两部文献的音译汉字，有着极为严谨的音译体系以及拼写规则。这里的音译汉字能够充分表记蒙古语语音、词汇、语法特征及形态变化现象。所以，音译汉字的研究，无疑对中古蒙古语语音和语法研究有着重要意义，而且对于近代汉语语音和语法研究同样有其重要的学术参考价值。

1.2 《译语》与《秘史》音译汉字研究概况

《译语》与《秘史》是研究 13 世纪蒙古族历史、语言、社会、民俗等方面的重要且珍贵的文献资料。因此，世界各国的专家学者，从各自不同的理论视角，对《译语》与《秘史》进行了详尽而严密的学术探讨。明代的音译工作本身就是对于蒙古语语音、词汇、语法结构等的分析研究过程。根据本人的理论分析与归纳，有关《译

①参照村上七郎，1961，pp. 118—115。

语》与《秘史》的研究成果及其学术观点，大致可以分为如下两种：

一是，用音素文字来转写音译汉字作为基础，对蒙古语语音、词汇、语法结构进行深层次研究。事实上，包括我国的相关专家学者在内，像蒙古国、俄罗斯、德国、法国、匈牙利、美国、瑞典、捷克、土耳其、印度、日本等国专家学者的诸多科研成果，属于该类研究范畴。

二是，把音译汉字本身作为研究对象，对它的拼写规则及结构型特征进行分析与研究。这类研究还可以进一步分为两个方面。一面是，在蒙古语实例用法范围内，分析《译语》与《秘史》音译汉字的出现频率、出现位置，从而论述音译汉字拼写中体现出的蒙古语特征。代表该类研究的专家学者有陈垣[1]、冯承钧[2]、村山七郎[3]、小沢重男[4]、橋本勝[5]、栗林均[6]等。此外，斎藤纯男[7]与吉池孝一[8]等的研究也很值得关注。另一面是，在汉语音韵资料体现出的语音体系框架内，分析音译汉字本身的音位特征，从而论述音译汉字的拼写规则以及基础音系结构型特征。服部四郎的相关研究成果是此类研究中，具有代表性的科研成果。近几年来一些研究成果，如中村雅之、布日古德、越智小百合、巴雅尔的注音字典，马纳尔扎布等的研究成果也属于这类研究范畴。本书目的就是分析《译语》音

---

①陈垣：《元秘史訳音用字攷》，1934。

②冯承钧："元秘史訳音用字攷"（《大公报》1934 年 7 月 21 日第三张 書評）。

③村山七郎："華夷訳語と元朝秘史との成立の先後に関する問題の解決"，1961。

④小沢重男全面研究《秘史》、并对《秘史》全文进行了拉丁文转写、注释及蒙古文、八思巴字转写工作。

⑤橋本勝：《元朝秘史の蒙古語研究》，2001。

⑥栗林均相关研究成果数量较多，请参阅文献目录。

⑦斎藤纯男："中期モンゴル語漢字音訳文献における子音重複現象"，1990。

⑧吉池孝一：KOTONOHA 所载相关文章。

译汉字的拼写规则以及基础音系的结构型特征,因此自然属于这类研究范畴。

下面,结合我们所掌握的资料,对于与本书研究内容紧密相关的专家学者的科研成果及其学术观点,包括其成果中存在的一些学术疑点等进行深入浅出的分析与讨论。

1.2.1 巴雅尔的《〈蒙古秘史〉的注音字典》(1981)① ——巴雅尔在这本研究成果中,把《秘史》音译汉字的字音分为"今音"、"古音"、"秘史"三个部分。在"今音"部分中,首先注明现代标准音,然后附加北京、济南、西安、太原、汉口、成都、扬州、苏州、温州、长沙、双峰、南昌、梅县、广州、厦门、潮州、福州等地区的方言音。在"古音"部分中,注明了《广韵》、《集韵》、《中原音韵》、《中州音韵》、《蒙古字韵》等韵书的反切、韵母、声母、声调、拟定音值等。在"秘史"部分中,主要标出了《秘史》中的蒙古语对音和实例。

巴雅尔的这部注音字典,为研究者查找音译汉字在韵书中的读音、收录状况以及各地方音提供了一定程度的方便条件。但是,由于在"今音"部分中,方言区域的选择,随着音译汉字的不同而有所差异。因此,可以说方音地点选择的标准不够明确,从而,未能表现出音译汉字在某一个方言系统中的整体状况。另外,在"古音"部分中所列出的汉语音韵资料的收录状况也不是很充分。特别是对于《中原音韵》中"两韵并收"("歌戈韵"和"萧豪韵"、"车遮韵"和"皆来韵")现象,在巴雅尔的注音字典中只注明其中一种

---

① 参阅巴雅尔《蒙古秘史》,1981。

韵母类型的收录情况。而且，对于所注明的一种韵母类型的选择，也没有明确提示选择标准和依据。巴雅尔的注音字典中存在的这些问题，使研究者很难把握音译汉字的整体面貌以及语音的系统状况。

1.2.2 苏米雅巴特尔的《元朝秘史》（1990）——这部关于《秘史》音译汉字的研究著作，可以说是蒙古国唯——部与音译汉字相关的研究成果。这部著作中，主要给《秘史》的音译汉字注明了罗马字音标，并复原了蒙古文原文。另外，在该书的最终部分，还列举了141个音译汉字的上古音、中古音、近世音、现代广州方音及苏州方音、现代朝鲜汉字音、现代越南汉字音、现代日本汉字音、《华夷译语》的蒙古语对音、八思巴文资料中的对音等。这些古音、今音、方音、外音等的列举目的不明确，拼写标准也不统一，所以，与上述巴雅尔的注音字典一样，我们也无法从该书中看出音译汉字的整体面貌以及语音的系统状况。

1.2.3 马那尔扎布的《关于元朝秘史的长元音》（1969）——该论文分析了拼写蒙古语长元音的"阿"、"安"、"额"、"兀"、"温"、"斡"等音译汉字在八思巴文中的表记形式。并且，还从"阿"、"安"、"温"、"斡"等四个字的八思巴文字表记方式中，得出了音节开头部分里存在着 j 和 w 这种过渡音的结论。他还提出了，中古蒙古语的 v + γ／g + v 形式中也存在着类似的过渡音，并且肯定了 γ／g 后面的元音是重音或是长音的可能性①。

我们认为，马那尔扎布的研究存在以下两个疑点。

①参阅 Л. Маналжав1969 "Монголын Нууц Товчооны" Хэлний урт эгшгийн тухай асуудалд, p. 74。

第一，八思巴文字的表记方式中出现ᡨ形式的音节开头记号，该记号在音译汉字中往往用中古影母字表记。该论文所举的六个字中，"额"与"兀"字都是中古疑母字，在八思巴字表记方法中不带有ᡨ记号。所以，在音节开头部分是否存在过渡音，仅用八思巴文字的表记方式似乎不能确定。

第二，元代北方音系资料《中原音韵》中，中古疑母音的绝大部分与影母字相融合①，因此，在《译语》和《秘史》里，中古疑母字和影母字用来拼写同样的蒙古语音位。再说，《译语》和《秘史》音译汉字与《中原音韵》所体现的音系一致，但与《蒙古字韵》的音系并不一致。所以，单凭八思巴字的表记方式来断定《译语》和《秘史》音译汉字"阿、安、额、兀、温、斡"6个字的音节开头有过渡音之论似乎没有什么说服力。

1.2.4　越智小百合的《关于〈元朝秘史〉蒙古语语音研究》(2003)—— 该论文基于《中原音韵》的语音体系，分析了《秘史》蒙古语语音和汉语字音的对应关系，并提出了《秘史》蒙古语语音与《中原音韵》所体现的字音有着较为有规则的对应关系之论点。另外，她还对若干蒙古语语音特征进行了一定程度的分析研究。

该论文中存在的主要问题疑点是，在证明蒙古语语音和汉语字音的对应关系时，没有根据音译汉字在《秘史》中的实际用例，致使出现了对应关系归纳错误的现象。而且，由于作者对《中原音韵》所体现的音系结构的理解不够透彻，也导致了对应关系归纳不恰当的结果。例如，越智小百合基于《中原音韵》"萧豪韵"的拟定音

---

①参阅杨耐思，1981，p.19。

值，把《秘史》中的"索"字拟为 sau 音，并且还认为"索"字所拼写的是蒙古语 so 音，从而得出了音译汉字 sau 对应蒙古语 so 音节的结论。但是，"索"在《中原音韵》中被收录到"萧豪韵"与"皆来韵"两种韵母类型里。根据《秘史》的实际用例，"索"字除作为"字"字的误写出现一次之外，主要出现在人名"种索"（Jungsai）的拼写当中。关于这个人名，在《秘史》的总译部分中被写为"种篩"（Jungsai），在第八卷和第十卷里，以"冢率"（Jungšoi）和"种赛"（Jungsai）的形式出现在原文内。由此看来，"索"是基于"皆来韵"的音，在《秘史》中拼写了蒙古语的 sai 音。因此，对应关系应该是音译汉字 ʃai 对应蒙古语 sai 音。诸如此类，该论文，由于没有详细地考证音译汉字在《秘史》中的实际用例，没有深入探讨《中原音韵》所体现的语音体系，只是机械地对应了音译汉字与蒙古语语音，所以，出现了一系列错误的结论。

1.2.5　中村雅之《〈华夷訳语（甲种）〉音译汉字基礎方言》（2006）等 —— 中村雅之的有关《译语》和《秘史》音译汉字的研究成果，主要刊登在古代文字资料馆网站发行的《KOTONOHA》杂志上。在此不一一列举，而是对其总体研究成果以及相关问题、疑点加以分析。中村雅之的研究，首先指出了《秘史》的旁译先于原文的汉字音译。其次，指出《秘史》的音译汉字里不区分蒙古语辅音 ɣ/q，是因为汉语里没有与蒙古语 ɣ/q 相对应的音素，进而否定了《秘史》的原文是八思巴字的观点。还验证了《译语》和《秘史》中的"儿、温、必、卜"等音译汉字的拼写状况，从而提出了《译语》的凡例早于原文的可能性。他还指出了，《秘史》的标题"忙豁侖纽察脱察安"的音译汉字，体现着元代传统拼写法与明代初期精密拼写法相混合的特点。另外，中村还针对《译语》和《秘史》音译汉字的基础音系，进行了相关分析研究工作。他用分析果摄开口一等字的拼写方式的方法，总结出果摄开口一等字用于拼写蒙古语圆唇元音的特点，并得出《译语》和《秘史》的基础音系是南京音的结论①。

　　但是，阐明《译语》和《秘史》的基础音系，仅靠果摄开口一等字的用法来分析这两部资料整体的音系结构是不够充分的。《秘史》中使用的 564 个音译汉字中，果摄一等开口字有"阿、那、可、河、诃、哥、歌、拖、多、羅、^舌羅"等 11 字，仅仅是音译汉字的总数 3%。而且，这 11 个字并不是全部用于拼写蒙古语的圆唇元音。例如，"阿"字用于拼写展唇元音蒙古语的 a 音。如果依照南京音的论点，就很难解释这样的拼写形式。上述 11 个字在《中原音韵》里被收录在"歌戈韵"里。从中村的论点来看，《中原音韵》也将会成为体现南京音的韵书。本书将在第三章里详细探讨中村的关于《译语》及《秘史》音译汉字基础音系的问题。

　　1.2.6　服部四郎的《元朝秘史拼写蒙古语汉字研究》(1946)—— 服部四郎的研究是属于唯一一部对《秘史》音译汉字进行系统、全面研究的著作。同时，他的研究也是近代汉语音韵学研究的重要组成部分。该研究在序论部分里，详细地介绍了《秘史》版本、抄本等情况以及一些相关的汉语音韵资料的研究情况，并且还论述了有关《中原音韵》、《蒙古字韵》、《古今韵会举要》等资料的研究成果及独到见解。

---

①中村雅之 "漢字音訳本《元朝秘史》の成立について"『KOTONOHA』第 4 号 2003。

该著作的"序说"部分是服部四郎研究成果的核心部分①，阐述了辨别《秘史》音译汉字基础音系的方式方法。服部所使用的辨别《秘史》音译汉字基础音系的基本方法是，分析浊音声母音译汉字的拼写方式。他细致地观察了持有浊音声母的平声字"途、圖、谈、壇、闐、田、團、敦、屯、唐、堂、腾、潼、池、除、潮、沉、廛、纏、躔、陳、長、歸、琴、虔、勤、屛、潺、垂、禪、臣、純、丞、成、誠"等35字，及上声"给、盾"2字、去声"趙"字、入声"達、咥、垤、迭、經、迪、突"等8字，共计46字在《秘史》中的用法，从而，得出了"浊音字大体拼写蒙古语的有声乃至半有声音和无声带气音。这一现象反映了音译汉字的基础音系属于浊音声母与清音声母已经融合的北方音系"的结论。②

在服部四郎的《元朝秘史拼写蒙古语汉字研究》第十三章中，也就是在结论部分里，用表格形式归纳了音译汉字的使用概率，进而把音译汉字的拼写特征总结为以下5点：

（1）在《秘史》的音译方面，有为表现一部分蒙古语而使用特定汉字的倾向。

（2）音译汉字中有少量的同一词中汉字互换的例子。这些音译汉字中的一部分只用在词中而不用在词末或词尾。另一部分则用在词末或词尾。

（3）有使用与蒙古语词义相关联的汉字的实例。

（4）为表示与蒙古语词义相关的因素，《秘史》使用了特定的音译汉字。

（5）为深层反映蒙古语的结构特征，以"可"代替"客"，以"葛"代替"歌"、"戈"，以"竹"代替"主"字①。

服部四郎的研究，在一定程度上阐明了《秘史》音译汉字基础音系的相关结构型特征，以及音译汉字的拼写规则和使用原理，从而进一步推进了音译汉字的整体研究水平。但是，不能不说其中还存在如下三点问题。

（1）作为辨别《秘史》音译汉字基础音系的方法，只考证了浊音声母字的用法。严格地说，这个方法只能有效地辨别保有浊音声母的"存浊方音"和浊音声母已消失的"失浊方音"体系。事实上，不能够否定《秘史》音译汉字基础音系基于"南京音"的可能性。

（2）完全没有考证，辨别方言音时不可缺少的中古入声字在《秘史》中的实际用法及拼写方式。

（3）考证具体音译汉字的部分（下篇第 2 章到第 12 章），未能得以流传②。

学术界一直以来十分关注对于上述问题的更加科学有效的研究，以及提出让人心服口服的正确论述。毫无疑问，服部四郎的研究是，关于《秘史》音译汉字的唯一一部全面系统的研究成果。从他的研究至距今已有半个多世纪了，在此期间汉语音韵学研究、汉语方言调查等领域的科研工作也得到了很大进展。令人欣慰的是，汉语音

①参照服部四郎，1946，pp. 128—131。
②据《元朝秘史の蒙古語を表はす漢字の研究》的"序说"，该部分已在战火中被烧毁。

韵学研究领域的最新成果不断产出，进而大力推动着该学科向着更加成熟的方向发展。在这研究环境日渐完善的理想时期，我们有必要对《译语》和《秘史》的音译汉字，不断进行深入、细致、全面、系统的分析与研究。

1.3 相关资料概况

出于上述观点，本书在服部四郎研究的基础上，以前人研究成果中存在的问题点作为讨论焦点，展开以下几方面的探讨。

（1）考证《译语》音译汉字的字音。即考证音译汉字在近代汉语音韵资料中的收录情况，分析音译汉字是基于什么样的读音来拼写蒙古语语音的。同时，拟定音译汉字在《译语》中的音值。我们主要使用《中原音韵》、《洪武正韵》、《西儒耳目资》、《广韵》等音韵资料，同时也参考一些其他的韵书。

（2）通过考证《译语》音译汉字的出现频率和出现位置以及实际用例，分析音译汉字的拼写规则与使用原理。

（3）为阐明《译语》音译汉字的整体音系结构，考证一部分能够辨别基础音系的音译汉字用法。特别是以中古入声字为主要分析对象。

笔者在博士学习期间，已完成《秘史》音译汉字的研究，本书结合《秘史》音译汉字的相关研究成果，力求阐明《译语》音译汉字的拼写原理和基础音系结构特征。在这里还有必要提出的是，应该概括性地阐述与本书紧密相关文献资料及其版本，以及在此被引用的有关情况、研究思路、学术观点等。

1.3.1 《元朝秘史》——有 12 卷本和 15 卷本（被收录在《永乐大典》里的写本）两种，除去一些误记，内容大体相同。12 卷本主要有 2 种抄本。一个是 1805 年，顾广圻从庐州知府张祥云的个人收藏中抄写下来的抄本。1936 年，商务印书馆把它收入四部丛刊，并影印出版。这就是所谓的四部丛刊本。四部丛刊本是，1933 年赵万里把在北京图书馆发现的《秘史》45 残页与顾氏抄本的相关部分相替换刊行的版本。这个版本的错误较少，被视为最好的版本。另一个是 1885 年，文廷式所转抄的顾氏抄本。1908 年叶德辉刊行了文氏的抄本，这个抄本叫做观古堂本，或叶德辉本。它与四部丛刊本同样是来源于顾氏写本，因此没有独立版本的价值。本书主要参考四部丛刊本。

1.3.2 《中原音韵》——元泰定元年（1324），周德清（1277—1365）编写的韵书。作者周德清，号挺斋，高安（现江西高安）人。打破传统的韵书形式，把入声归纳入声作平声，入声作上声，入声作去声 3 声，还把平声分为阴类和阳类。《中原音韵》的内容分为两大部分：第一部分是以韵书的形式，把曲词里常用作韵脚的 5866 个字，按字的读音进行分类，编成一个曲韵韵谱。韵谱分为 19 韵：东钟、江阳、支思、齐微、鱼模、皆来、真文 、寒山、桓欢、先天、萧豪、歌戈、家麻、车遮、庚青、尤侯、侵寻、监咸、廉纤韵等。每一个韵里面又分为平声阴、平声阳、入声作平声、上声 、入声作上声、去声 、入声作去声等类。每一类里面以"每空是一音"的体例，分别列出同音字组，共计 1586 组。第二部分称做

《正语作词起例》，是关于韵谱编制体例、审音原则的说明，关于北曲体制、音律、语言以及曲词的创作方法的论述等。《中原音韵》是汉语语音史上具有划时代意义的杰作，它几乎完全摆脱了《切韵》系韵书的体例束缚，根据元代当时实际语言来审音定韵，给我们留下了一部汉语语音的实录。《中原音韵》是继《诗经》、《切韵》之后第三座光辉的里程碑，《中原音韵》对于中国近代语音史，是非常重要的一部音韵学资料。

　　本书使用的《中原音韵》版本是 1978 年由中华书局出版，中国社会科学院所藏《讷菴（庵）本》（1944）。这个版本被相关学术界视为最好的版本①。

　　1.3.3　《洪武正韵》（以下略为《正韵》）——《正韵》刊行于洪武八年三月（1375），是朱元璋下诏颁行的一部官方韵书。参与编纂的人物中有系韶鳳（安徽全椒），宋濂（浙江金华），王僎（开封祥符），李叔允（不明），朱右（浙江临海），赵壎（江西新喻），朱廉（浙江义乌），瞿莊（江苏常熟），邹孟达（不明），荅禄與權（居住在河南永宁的蒙古人），孙蕡（广东顺德）等十一人。《太祖实录》99 卷 5 页，洪武八年三月之项中记录了有关刊行《正韵》的洪武帝敕命②。虽然敕令中说"以中原雅音校正"，但是事实上《正韵》是否反映了中原的雅音，尚未有定论。关于这一点，有一种看法是，与《中原音韵》的音系不同，《正韵》体现了 14 世纪汉语的读书音③。另一种是宁继福的看法。他主张《正韵》所体现的音系

---

①（元）周德清，明刻本，《中原音韻》，（台北）学海出版社 1996。
②宁继福《洪武正韵研究》上海：上海辞书出版社 2003。
③叶宝奎《明清官话音系》，pp. 28—29，2002。

是，当时的实际语音与传统读书音并存、雅音与方音混合的复杂体系，《正韵》并没有体现出"中原雅音"（明初期的官话）或"江淮方音"、"读书音"这种单纯的语音体系①。

1.3.4 《西儒耳目资》（以下略为《耳目资》）——《耳目资》是天启五年（1625），法国传教士金尼阁（Nicolas Trigault）为学习汉语、汉字在山西绛县编写的音韵资料，次年刊行于西安。《耳目资》由《译引首谱》、《列音韵谱》、《列边正谱》三个部分组成。这是一部用罗马字标出明末汉语语音，一定程度上体现出当时汉语的实际音值的宝贵音韵资料。关于《耳目资》的基础音系，近年在相关学术界普遍被认为《耳目资》体现的是明末南京音②。

《耳目资》的声类被分为 21（含 0 声母），韵母类型分 50 摄，声调分为清平，浊平，上，去，入五类。关于《耳目资》的入声问题，学术界有以下两种看法：

观点 1：《耳目资》中的入声韵尾属于声门闭锁音。主张这种观点的学者有我国学者陆志伟③，还有日本学者藤堂明保④等。

观点 2：《耳目资》中的入声实际上不是一种独立声调。主张这种观点的是我国汉语音韵学家罗常培⑤。

本书在《译语》音译汉字的拟音分析过程中，原封不动地采用

①宁继福《洪武正韵研究》上海：上海辞书出版社 2003。
②鲁国尧《明代官话及其基础方言问题》,《南京大学学报》1985 年 4 期，pp.47—52。
③陆志韦"金尼阁西儒耳目资所记的音"，《燕京学报》vol. 33, pp.115。
④藤堂明保《官話の成立過程から見た西儒耳目資》,《東方学》Vol. 5, 99—122, 1952。
⑤罗常培《耶稣会士在音韵学上的贡献》《集刊》Vol. 1, No. 1, 267—338, 1928。

《耳目资》原有的罗马字注音符号。但是，关于把入声韵尾设想为声门闭锁音的问题，我们认为还存在很多疑点，由于，与本研究没有直接因果关系，所以在此不做深入讨论。

1.3.5 《校正宋本广韵》（以下略为《广韵》）——《广韵》是宋代陈彭年奉皇帝敕令，修订前代《切韵》、《唐韵》等韵书编撰而成的官修韵书。它的第一次修订是在景德四年（1007），第二次修订是在大中祥符元年（1008），同时被改名为《大宋重修广韵》①。《广韵》共收录了 26194 个字，分为上平声，下平声，上声，去声，入声五卷。其中，平声分为 57 韵、上声分为 55 韵、分为去声 60 韵、入声分为 34 韵，共计 206 韵。《广韵》是代表中古汉语正统语音的韵书，是我国历史上完整保存至今并广为流传的最重要的一部韵书。《广韵》的编撰目的就是为增广《切韵》而作，比起《切韵》，除增字加注外，部目也略有增订。

《译语》及《秘史》的音译汉字基础音系大体被有关学者视为《中原音韵》所代表的北方音。可是，通过对音译汉字的逐一考证以及深入分析，我们发现，虽然《译语》与《秘史》音译汉字的大部分与《中原音韵》体现的音系相一致，但有一部分音译汉字不能够与《中原音韵》韵母类型相对应。确切地说，一部分音译汉字的音系不同于《中原音韵》的音系。于是，本书将《中原音韵》作为一个基准，考证音译汉字与蒙古语语音结构类型的对应关系，同时也利用与《中原音韵》音系不同的韵书，来分析《译语》与《秘史》音译汉字的收录状况。在表示《中原音韵》以外的音系的近世音资料当中，我们主要参考《正韵》、《耳目资》以及其他相关音韵学文

---

① (宋) 陈彭年《校正宋本广韵》，（台北）芸文印书馆 2002。

献资料。其理由如下：

（1）《正韵》的编纂年代与《译语》、《秘史》的音译年代极其接近。但关于《正韵》基础音系方面还存在不少疑问。再说，字音归纳也较为复杂，有混合不同方言音的可能性。因此，不能成为考证《译语》与《秘史》音译汉字的直接依据。然而，韵母分类与《中原音韵》有类似之处，也有当时的实际语音方面的要素，所以，我们认为，《正韵》收录的字音，一定程度上能够成为《译语》、《秘史》音译汉字拟音的依据之一。

（2）《耳目资》是明末官话音的代表韵书之一。由于，《耳目资》附有罗马字拼音，因此为我们提供了当时的实际读音形式，所以，也是《译语》与《秘史》音译汉字音值拟定所需的重要参考资料。

（3）为更加详细展现字音音韵的时代变迁原理，我们还有必要参考《广韵》所体现的中古时期字音状况和语音特征。

（4）除上述音韵资料外，我们还需要参考《增修互注礼部韵略》①（以下略为《增韵》）、《记徐孝重订司马温公等韵图经》②（以下略为《等韵图经》）、《韵略易通》③、《洪武正韵译训》④，《四声通解》⑤等资料，进一步全面分析《译语》与《秘史》音译汉字的字音音系结构型特征。

---

①毛晃《增修互注礼部韵略》［东京］，八尾书店1982。
②陆志伟：《记徐孝重订司马温公等韵图经》，载《燕京学报》第32期。
③蓝茂《韵略易通》，（台北）广文书局印行1962。
④崔世珍《洪武正韵译训》，［首尔］，高丽大学出版部1974。
⑤申叔舟（原纂）俞昌均（再構）《四声通攷》，（台北）成文出版社有限会社1973。

考虑到《译语》与《秘史》的音译年代，我们选择了《译语》、《秘史》成书之前的音韵资料《中原音韵》，与《译语》、《秘史》同时代的音韵资料《正韵》，还有《译语》、《秘史》成书之后的资料《耳目资》等三个不同时代的音韵资料。这样我们才能够更加精确地把握音译年代的整体语音体系以及时代特征，从而，正确地分析音译汉字的拼写规则及其基础音系。

第二章 《译语》音译汉字与《中原音韵》韵母类型对应关系研究

在探讨音译汉字与《中原音韵》韵母类型的对应现象时，我们首先要掌握蒙古语与汉语的音节结构，同时还有必要了解《中原音韵》韵母类型的分类情况与蒙古语的元音体系。

汉语的音节是 IMVE/T 结构形式。其中，I 是 Initial 的缩写，表示声母。M 是 Medial 的缩写，表示介音，也称韵头。V 是 Vowel 的缩写，表示主要元音，也称韵腹。E 是 Ending 的缩写，表示音节末音，也称韵尾。T 是 Tone 的缩写，表示声调。蒙古语的音节是（C）V（V）（C）的结构形式。众所周知，C 是 Consonant 是缩写，表示辅音。V 是 Vowel 的缩写，表示元音。可见，汉语与蒙古语有着完全不同的音节结构形式。拥有完全不同的音节结构形式的两种语言，在相互拼写对方语音时，无疑会出现一些语音成分的遗漏或增加。正因为如此，在本书中，我们不以"音节"这个语音单位来进行对应现象的分析，而是用"语音结构形式"这一名称来统称对应现象中出现的语音单位。

2.1 《中原音韵》韵母类型体系 与蒙古语元音体系

《中原音韵》的韵母类型分 19 部。我国学者杨耐思在《中原音韵音系》研究中，将这 19 部韵母类型，又细分为 46 种韵母类型，并进行了韵母体系的研究。杨耐思的韵母分类与宁继福的 46 种分类基本相同。详情如下：

	韵部	小韵			
1.	东钟	uŋ	iuŋ		
2.	江阳	aŋ	iaŋ	uaŋ	
3.	支思	Ï			
4.	齐微	i	ei	uei	
5.	鱼模	u	iu		
6.	皆来	ai	iai	uai	
7.	真文	ən	iən	uən	iuən
8.	寒山	an	ian	uan	
9.	桓欢	on			
10.	先天	iɛn	iuɛn		
11.	萧豪	au	iau	iɛu	
12.	歌戈	o	io	uo	
13.	家麻	a	ia	ua	
14.	车遮	iɛ	iuɛ		
15.	梗青	əŋ	iəŋ	uəŋ	iuəŋ
16.	尤侯	əu	iəu		
17.	侵寻	əm	iəm		
18.	监咸	am	iam		
19.	廉纤	iɛm			

中古蒙古语有说服力的元音体系是：

$$i \qquad ü \qquad u$$
$$e \qquad ö \qquad o$$
$$a$$

2.2 C+V 式 的 对 应 关 系

我们把《译语》里拼写蒙古语 C + V 式语音结构类型的音译汉字分为 C + A 式、C + E 式、C + I 式、C + O/Ö 式、C + U/Ü 式等五个类型，对音译汉字与《中原音韵》韵母类型的对应现象进行深入的分析与探讨，从而论述其对应关系的整体情况与性质。

2.2.1 C+A 式的对应关系

《译语》中拼写蒙古语 C + A 式语音结构类型的音译汉字共有 24 字。分别是"納"、"八"、"巴"、"把"、"馬"、"麻"、"刺"、"撒"、"塔"、"榻"、"塌"、"打"、"苔"、"察"、"札"、"牙"、"^舌刺"、"瓦"、"阿"、"^中合"、"花"、"哈"、"加"、"咱"等字。其中，"納"、"八"、"巴"、"把"、"馬"、"麻"、"撒"、"塔"、"榻"、"塌"、"打"、"察"、"牙"、"瓦"、"花"、"加"、"咱"等 17 字属于《中原音韵》"家麻韵"。《中原音韵》"家麻韵"有 a、ia、ua 三种小韵。"納"、"八"、"巴"、"把"、"馬"、"麻"、"撒"、"塔"、"榻"、"塌"、"打"、"察"、"咱"等 13 字属于"家麻韵"的 a 小韵。"牙"、"迓"、"加"等三字属于"家麻韵"的 ia 小韵，"花"、"瓦"二字则属于"家麻韵"的 ua 小韵。"阿"、"^中合"等二字属于"歌戈韵"的 o 小韵。"刺"、"苔"、"札"、"^舌刺"、"哈"

等 5 字没有被《中原音韵》所收录。但根据各类韵书中的收录情况来看，这五个字的韵母，基本与"家麻韵"的 a 小韵相同。

由此可见，我们可以初步总结出拼写蒙古语 C + A 式语音结构类型的音译汉字与《中原音韵》韵母类型的对应现象。如下图：C + A 式↔家麻韵↔a、ia、ua 小韵；C + A 式↔歌戈韵↔o 小韵

从上述对应关系的总结中，我们可以看出，蒙古语一种元音的音译汉字用两种不同的韵母类型来进行拼写，甚至同一韵母类型中有三种不同小韵的字拼写蒙古语的同一种元音。为究明其原因，我们需分析具体的音译汉字。

（1）"阿"字的分析 —— "阿"字在《译语》中拼写蒙古语 a 音。例如，"阿^中合"（aqa 兄）等。各类韵书中的收录情况如下：

表1   "阿"

音译汉字	分类	中原音韵	耳目资	正韵	广韵
阿	韵类/表记	12 歌戈	o	14 歌，於何	7 歌，乌何
	声调	平阴	清平	平	平
	拟音	o	o	o	ɑ

"阿"字在《广韵》中属于平声歌韵，"乌何切"，影母、开口、一等韵，拟定音值为 ɑ。在《正韵》中属于平声十四歌韵，"於何切"，拟为 o 音。在《耳目资》中属于第四摄 o 清平声，罗马字拼音为 o。在《中原音韵》中属于"歌戈韵"平声阴，拟定音值为 o 音。

各韵书中，"阿"字被纳入圆唇元音韵母类型中。但是，拼写蒙古语 C + A 语音结构类型的音译汉字基本都属于《中原音韵》"家麻韵"的韵母类型里，然而"歌戈韵"的字原本用来拼写蒙古语 C + O/Ö 语音结构类型。显然"家麻韵"和"歌戈韵"的韵母是完全不

同的两种韵母类型。用"阿"字拼写蒙古语展唇元音，是因为"阿"字拥有能够表记蒙古语展唇元音 a 的语音条件，因此，我们可以推定在明朝初期，"阿"字拥有不同音系的两种读音。

从《汉语方音字汇》的记录状况来看，在大部分方言区域内，"阿"字有"文白异读"的现象①。具体情况如下表所示：

表2   "阿"字的方言音

方言区域	官话	官话	官话	吴语	闽语
地区	北京	西安	武汉	温州	厦门
文言音	ɣ	uo	o	ɔ	o
白话音	a	a	a	a	a

从上表的各地方言来看，可以判定"阿"字有文言音和白话音两种读音。北京方音的 ɣ 和 a，西安方音的 uo 和 a，武汉方音的 o 和 a 分别表示文言音系的读音和白话音系的读音。与文言音系的读音相比，白话音系的读音更接近蒙古语 C + A 语音结构类型。显然，"阿"字用于拼写蒙古语 C + A 语音结构类型的原因，就是《译语》的音译者根据白话音系的读音拼写蒙古语语音所致。

然而，关于"阿"字白话音系的读音，多数韵书中没有确切的记载。但是，从《秘史》和《译语》所记录的词汇例子来看，我们可以确定"阿"字是拼写蒙古语展唇元音的音译汉字。从而我们可以推测，在明初时期，"阿"字的白话音系读音已经存在，并且在特定方言音体系

①根据袁家骅 2001 年的方言分类，北方方言还可再分为北方方言、西北方言、西南方言、江淮方言四种次方言。北方方言还被称作北方官话，包括河北省（包括北京、天津）、河南、山东、东北三省等区域。江淮方言，称作下江官话，包括安徽，江苏的长江以北地域以及长江南岸、九江以东、镇江以西的沿江地域。

中占有主导地位。代表明末北京方言音的韵书，徐孝的《重订司马温公等韵图经》（以下略为《等韵图经》），为我们提供了与此推论相关的语音信息。在《等韵图经》中，"阿"字被纳入果摄第十二开口篇的影母平声里，陆志伟的拟定音值为ɔ。这种类型的读音与《中原音韵》音系的读音基本相同。除此之外，"阿"字还被纳入假摄第十四开口篇的影母上声里，陆志伟的拟定音值为ɑ。也就是说"阿"字在当时拥有两种读音，假摄所收的读音，极有可能是白话音系的读音。

另外，在朝鲜汉字语音资料《洪武正韵译训》（以下略为《译训》）中，"阿"字被纳入卷三十四歌韵的影声母类别里，其俗音标音为ʔa。我们认为，《译训》的俗音与《等韵图经》的假摄读音属于同一类型的读音音，很有可能是"阿"字的现代白话音的原型。

根据上述各类韵书收录情况以及各地方言发音情况，我们可以拟定"阿"字在《译语》中的音值为 a^1 音。

（2）"中合"字的分析 ——"中合"字是《译语》中是拼写蒙古语 qa 语音结构类型的音译汉字。例如，"中合舌剌"（qara 黑）1：21a7 等。小字"中"在《译语》凡例中被解释为"乃喉内音也"，是声母发言位置与发音方式的指示，也可以说是《秘史》与《译语》的蒙古语语音转写专用汉字符号。对"中合"字进行拟音分析时，首先要根据"合"字的字音性质进行分析，其次，结合声母发音指示符号小字"中"的特点，来进行拟音。"合"字在各类韵书的收录情况如下：

表3 "中合"

音译汉字	分类	中原音韵	耳目资		
合	韵类/表记	12 歌戈	ho，黑恶	ko，格恶	
	声调	入作平	入	入	
	拟音	xo	ho	ko	

续表

音译汉字	分类	正韵		广韵	
合	韵类/表记	9 合，胡閣	9 合，古沓	27 合，侯閤	27 合，古沓
	声调	入	入	入	入
	拟音	ɣap	kap	ɣɒp	kɑp

"合"字在《广韵》中属于入声二十七合韵，"侯閤切"，匣母、开口、一等韵，拟定音值为 ɣɒp。另外，还有声母不同的"古沓切"的读音。在《正韵》中属于入声九合韵，有"古沓切"和"胡閣切"的两种读音。我们分别拟为 kap 与 ɣap 的两种音值。在《耳目资》中属于第四摄 o 入声，有"黑恶切"，罗马字拼音为 ho 的音和"格恶切"，罗马字拼音为 ko 的两种音。在《中原音韵》中属于"歌戈"韵入声作平声，拟定音值为 xo。

"合"字的情况与上面的"阿"相同，韵母部分不适于拼写蒙古语展唇元音 a。所以，我们不能够用《中原音韵》的音系来拟定"合"字在《译语》中的音值。按照"阿"字的分析方法，我们需要分析"合"字在各地方言中的读音情况，以及《等韵图经》等韵书中的收录情况。"合"字在各地方言音中有如下的读音：

表 4   "合"的方言发音

方言区域	官话	官话	官话	湘话
地区	北京	西安	太原	双峰
	xɣ	xuo	xəʔ kəʔ（文言读法）	xue（文言读法）
	ka	kɣ	xaʔ kaʔ（白话读法）	xua（白话读法））

虽然"合"字在各个地区的读音都不相同，但基本都有两种读音。北京、西安的两种读音中还不清楚哪个是文言音哪个是白话音，太原的文言音是 xəʔ 和 kəʔ，白话音是 xaʔ 和 kaʔ，双峰的文言音是 xue，白话音是 xua。

在《等韵图经》中"合"字被收录在假摄第十四开口篇晓母如声①，陆志伟拟定音值为 xɑ。另外，从《译训》的收录情况来看，"合"字俗音的韵母主要元音是展唇元音 a。

与上面列举说明的"阿"字几乎相同，"合"字同样在《译语》中，使用于蒙古语 C + A 语音结构类型是根据当时白话音系读音拼写而成。因此，我们完全可以拟定出"ᵗ合"字在《译语》中的音值为 qa¹ 音的判断。

（3）"花"字的分析——"花"字在《译语》中，主要用于拼写蒙古语的 qa 这一语音结构类型。例如，"不花"（buqa 牯牛）1：06a6 等。"花"字在各韵书中的收录情况如下：

表5   "花"

音译汉字	分类	中原音韵	耳目资	正韵	广韵
花	韵类/表记	13 家麻	hoa，黑花	15 麻，呼瓜	9 麻，呼瓜
	声调	平阴	清平	平	平
	拟音	xua	hoa	xua	xwa

"花"字在《广韵》中属于下平声九麻韵，"呼瓜切"，晓母、合口、二等韵，拟定音值为 xwa。在《正韵》中属于平声十五麻韵，反切与《广韵》相同，我们拟为 xua 音。在《耳目资》中属于第十

---

① 学术界普遍认为《等韵图经》中的"如声"属于平声阳类。

九摄 oa 清平声，"黑花切"，罗马字拼音为 hoa。在《中原音韵》中属于"家麻韵"平声阴类，拟定音值为 xua。

根据上述各类韵书的收录情况，拟定"花"字在《译语》中的音值为 xua¹。

《译语》拼写 qa 语音结构类型拼写方式与《秘史》一样，大多数情况下，用"中合"字来拼写，但用"花"字拼写蒙古语 qa 语音结构类型的实例，相对比《秘史》略多一些。例如，"不花"（buqa 牯牛）一词，在《秘史》里有"不中合"和"不花"两种拼写方式。

我们认为，《译语》和《秘史》里，用拥有 ua 韵母的汉字来拼写蒙古语 C + A 式的原因在于，《译语》和《秘史》音译汉字的拼写方式沿用了元代的拼写方式上。

元代白话碑中用"不花"拼写蒙古语 buqa 的现象较为常见。例如，1363 年大都崇国寺圣旨碑中的"帖古思不花"、1366 年大都崇国寺圣旨碑中的"完者不花"与"帖克思不花"、1334 年降赐天目中峯和尚广录入藏劄中的"也先不花"等①。这些元代碑文中"不花"拼写方式，似乎已经成为一种固定模式。另外，在《至元译语》里的"撒鲁花"（saluqa 桶）、"达鲁花赤"（daruqačǐ 宣差）等词条中，也用"花"字拼写蒙古语的 qa 语音结构类型。可以说在元代的音译汉字资料中，"花"字拼写蒙古语 qa 语音结构类型的方式是较常见、较普遍的拼写方式，这种拼写方式也直接或间接地影响了明初音译汉字的拼写方式。换句话说，明初《译语》和《秘史》音译汉字的拼写方式，在某种程度上沿袭了元代文献资料里的拼写

①参阅蔡美彪《元代白话碑集录》（1955）p. 5。

方式，使《译语》和《秘史》两部文献资料中，呈现出不同系统、不同标准、不同层面的音译汉字拼写方式。这也是《译语》与《秘史》中拼写蒙古语"喉内音"——即舌根有声摩擦音（voiced velar fricative）的"花"字，不用小字"中"来注明辅音发音方式的原因所在，也就是说，《译语》和《秘史》中不存在"中花"这种音译汉字的原因。

（4）"牙"字的分析——"牙"字在《译语》中拼写蒙古语 ya 语音结构类型。例如，"阿牙中合"（ayaqa 碗）1：11a4 等。"牙"在各韵书里的收录情况如下：

表6   "牙"

音译汉字	分类	中原音韵	耳目资	正韵	广韵
牙	韵类/表记	13 家麻	ia，衣麻	15 麻，牛加	9 麻，五加
	声调	平阳	浊平	平	平
	拟音	ia	ia	? a	? a

"牙"字在《广韵》中，属于下平声九麻韵，它的反切为"五加切"，属于疑母、开口、二等韵，由此拟定的音值是 ŋa。在《正韵》中属于平声下十五麻韵、上声十五马韵、去声十五祃韵。反切分别是"牛加切"、"语下切"、"五驾切"。我们拟为 ŋia 音。在《耳目资》中属于第一摄 a 浊平声和去声，罗马字拼音都是 ia。在《中原音韵》中属于"家麻韵"平声阳，拟定音值为 ia。

根据上述各类韵书的收录情况，我们可以拟定"牙"字在《译语》中的音值为 ia[1]。

我们对"牙"字拟为 ia 音，其中的介音 i 毫无疑问是表示蒙古语辅音 y 音素的语音成分，正因为如此，蒙古语 C＋A 式与《中原音韵》"家麻韵"ia 小韵的对应关系不成立。

（5）"加"字的分析——"加"字在《译语》中只出现在人名的拼写里。如，"加纳_黑^下班"（Ganaqbal）3：01a4。"加"字在各韵书中的收录情况如下：

表7　　　　　　　　　　　　　　　　　　"加"

音译汉字	分类	中原音韵	耳目资	正韵	广韵
加	韵类/表记	13 家麻	kia，格鸦	15 麻，居牙	9 麻，古牙
	声调	平阴	清平	平	平
	拟音	kia	kia	kia	ka

"加"字在《广韵》中属于下平声九麻韵，"古牙切"，见母、开口、二等韵，拟定音值为 ka。在《正韵》中属于平声十五麻韵，"居牙切"，我们拟为 kia 音。在《耳目资》中属于第十三摄 ia 清平声，"格鸦切"，罗马字拼音为 kia。在《中原音韵》中属于"家麻韵"平声阴，拟定音值为 kia。

根据上述各类韵书的收录情况，我们拟定"加"字在《译语》中的音值为 kia^1。

上面，我们已提出："加"字在《译语》中，只用于人名"加纳_黑^下班"（Ganaqbal）一词的拼写上。在《秘史》里，也只出现在地名"薛米思加_卜"（Semisgab）这一城市名称的拼写中。人名与地名都属于专用型名词，而"薛米思加_卜"是属于外来名词，因此，我们认为，"加"字不属于蒙古语原有的音位系统，从而没有必要在蒙古语 C＋A 式与《中原音韵》的对应现象里对"加"字的韵母类型进行讨论。

（6）"瓦"字的分析——多年以来，《译语》研究的专家学者们在他们的相关研究成果中几乎把"瓦"字都转写为 wa。例如,"只^舌儿瓦安"(jirwa'an 六)1:22a1 等。"瓦"在各韵书中的收录情况如下:

表 8 "瓦"

音译汉字	分类	中原音韵	耳目资	正韵	广韵
瓦	韵类/表记	13 家麻	ua,午馬	15 馬,五寡	35 馬,五寡
	声调	上	上	上	上
	拟音	ua	ua	ŋua	ŋwa

"瓦"字在《广韵》中属于去声四十禡韵、上声三十五马韵。反切分别是"五化切"、"五寡切",只有声调不同,声母及韵母均相同,都是疑母、合口、二等韵,拟定音值为 ŋwa。在《正韵》中属于上声十五马韵、七贿韵,反切分别是"五寡切"、"五罪切",我们分别拟为 ŋua 与 ŋei 二音。在《耳目资》中属于第二十一摄 ua 上声,"午馬切",罗马字拼音为 ua。另外,也属于第三十九摄 oei 上声,罗马字拼音为 goei。在《中原音韵》中属于"家麻韵"上声,拟定音值为 ua。

根据上述各类韵书收录情况,我们可以拟定"瓦"字在《译语》中的音值为 ua³。

由于"瓦"字在《译语》以及《秘史》中的使用实例里,拼写蒙古语 qa/qo 语音结构类型的现象也不少,所以我们不能够排除"瓦"字的声母不是零声母,而存在某种喉音声母的可能性。尤其是《正韵》的收录情况值得我们进一步分析与探讨。

小　结

根据上述多方面的分析以及对个别音译汉字，例如，"阿"、"合"、"花"、"牙"、"瓦"等字在《译语》中的具体拼写方式考证，我们可以总结归纳出，蒙古语 C + A 式与《中原音韵》韵母类型的对应关系。请看下图：

C + A 式

↕

家麻韵

↕

a 小韵

从上图中我们可以看出，蒙古语 C + A 式与《中原音韵》的"家麻韵"的 a 小韵有着整齐而有规律的对应现象。根据《译语》实例的分析，我们排除了 C + A 式↔家麻韵↔ia、ua 小韵以及 C + A 式↔歌戈韵↔o 小韵对应现象的可能性，肯定了蒙古语 C + A 式与《中原音韵》"家麻韵"a 小韵的对应关系。

表 9　　　　　　　　　　　蒙古语 C + A 式音译汉字

蒙古语	音译汉字	中原音韵	拟音	声调	拟定音值
na	納	家麻	na	入作去	na
ba	八	家麻	pa	入作上	pa
ba	巴	家麻	pa	平阴	pa
ba	把	家麻	pa	上	pa
ma	馬	家麻	ma	上	ma
ma	麻	家麻	ma	平阳	ma

续表

蒙古语	音译汉字	中原音韵	拟音	声调	拟定音值
sa	撒	家麻	sa	入作上	sa
ta	塔	家麻	t'a	入作上	t'a
ta	榻	家麻	t'a	入作上	t'a
ta	塌	家麻	t'a	入作上	t'a
da	打	家麻	ta	上	ta
? a	察	家麻	tʃ'a	入作上	tʃ'a
ya	牙	家麻	ia	平阳	ia
wa	瓦	家麻	ua	上	ua
za	咱	家麻	tsa	平阳	tsa
qa	花	家麻	xua	平阴	xua
ga	加	家麻	kia	平阴	kia
a	阿	歌戈	o	平阴	a
qa	^中合	歌戈	xo	入作平	qa
ha	哈				xa
la	剌				la
da	荅				ta
ja	札				tʃa
ra	^舌剌				ra

2.2.2 C+E式的对应关系

拼写蒙古语 C + E 语音结构类型的音译汉字有 "捏"、"别"、"篾"、"列"、"薛"、"小"、"帖"、"迭"、"扯"、"彻"、"者"、"摺"、"辄"、"阇"、"也"、"耶"、"^舌列"、"额"、"客"、"刻"、"怯"、"协"、"赫"、"黑"、"格" 等25字。其中，"捏"、"别"、"篾"、"列"、"薛"、"帖"、"迭"、"扯"、"者"、"摺"、"也"、"耶"、"^舌列"、"怯"、"协" 等15字属于《中原音韵》"车遮"韵 iɛ 小韵。属于 "皆来" 韵的有 "刻"、"格" 二字，"车遮" 与 "皆来"两韵并收的有属于"额"、"客"二字，属于"萧豪"韵的有"小"字，属于"齐微"韵的有"黑"字。没有被《中原音韵》收录的有"辄"、"阇"、"赫"、"徹"等 4 个字。《中原音韵》的"车遮"韵有 iɛ 与 iuɛ 两种小韵。属于"车遮"韵的音译汉字基本都是 iɛ 小韵的字。"皆来"韵有 ai、iai、uai 等三种小韵，属于"皆来"韵的两字是 iai 小韵的字。"萧豪"韵有 au、iau、iɛu 等三种小韵，属于"萧豪"韵的"小"是 iɛu 小韵的字。"齐微"韵有 i、ei、uei 三种小韵，"黑"是 ei 小韵的字。总体来看，初步可以总结出如下的对应现象：

$$C + E\ 式 \leftrightarrow 车遮韵 \leftrightarrow iɛ\ 小韵$$

$$C + E\ 式 \leftrightarrow 皆来韵 \leftrightarrow iai\ 小韵$$

$$C + E\ 式 \leftrightarrow 萧豪韵 \leftrightarrow iɛu\ 小韵$$

$$C + E\ 式 \leftrightarrow 齐微韵 \leftrightarrow ei\ 小韵$$

这四种对应现象中，有些是无法成立的对应关系。以下我们具体分析个别音译汉字在韵书中的收录情况，以及在各地方言音的读音情况。

(1)"额"字的分析——"额"字《译语》中一般都拼写蒙古语的 e 元音。例如，"额别孙"(ebesün 草) 1：05a1 等。"额"字在各类韵书中的收录情况如下：

表 10　　　　　　　　　　　　　　　"额"

音译汉字	分类	中原音韵		耳目资	正韵	广韵
额	韵类/表记	6 皆来	14 车遮	ge，梧黑	7 陌，鄂格	20 陌，五陌
	声调	入作去	入作去	入甚	入	入
	拟音	iai	iɛ	ge	ŋɐk	ŋɐk

"额"字在《广韵》中属于入声二十陌韵，"五陌切"，疑母、开口、二等韵，拟定音值为 ŋek。在《正韵》中属于入声七陌韵，"鄂格切"，我们拟为 ŋək 音。在《耳目资》中属于第二摄 e 入声，"梧黑切"，罗马字拼音为 ge。在《中原音韵》中有两种读音。一个是"皆来韵"入声作去声，拟定音值为 iai 的读音。另一个是"车遮"韵入声作去声，拟定音值为 ŋiɛ 的读音。

关于"额"字"车遮"韵的拟音分析中，日本的汉语语音学家石山福治①与佐々木猛②，以及我国汉语音韵专家宁继福③、刘德智④等都把"额"字拟为 iɛ 音。另外，董同禾在《汉语音韵学》（2001：64）中也指出：

> 车遮入作去的"業"等紧接着"拽"等字，也可能本来同音现在中间的圈是误加的。……就《中原音韵》说，实实在在可以解释为 ŋ- 与 ○- 分列的只有萧豪韵一个例。那么我们也可以假定那是周德清受传统韵书或自己方言的影响，偶然遗漏未加的。如此说来，《中原音韵》的声母中就没有 ŋ- 了。

从蒙古语的语音特征来看，在《译语》和《秘史》中，"额"字拼写蒙古语 e 元音。然而，与"额"字一样拼写蒙古语 e 元音的"厄"字是零声母字，考虑到蒙古语的语音特征，我们在此不采用杨耐思的拟定音值。"额"字在各地方言音中有两种读音。如下表：

---

①参阅石山福治，1925，p. 292。
②根据佐々木猛《中原音韵音节表》（未发表资料）。
③参阅宁继福，1982，p. 119，217。
④参阅许世瑛校订·刘德智注音《音注中原音韵》，1962，p. 43。

表11   "额"字方言音

方言种类	官话	官话	官话	官话	吴语
地区	北京	西安	太原	杨州	苏州
	ɣ	ŋei	ɣəʔ（文读）	əʔ	ŋəʔ（文读）
			ɣaʔ（白读）		ŋɒʔ（白读）

北京话里，"额"字只有 ɣ 一种读音。在西安方音里也只有 ŋei 一种音。然而，在太原方音里却存在着文言音 ɣəʔ 与白话音 ɣaʔ 两种读音。在苏州方音里也有文言音 ŋɣʔ 与白话音 ŋɒʔ 两种音。

我们认为"额"字"车遮韵"的读音更适合拼写蒙古语 e 元音，因此我们拟定"额"在《译语》中的音值为 $i\varepsilon^4$。

（2）"客"字的分析 —— "客"字在《译语》中拼写蒙古语 ke 语音结构类型。例如，"客列"（kele 说来）、"额客"（eke 母）等。各韵书收录情况如下：

表12   "客"

音译汉字	分类	中原音韵	耳目资	正韵	广韵
客	韵类/表记	14 车遮	6 皆来	k'e, 苦黑	7 陌, 乞格	20 陌, 苦格
	声调	入作上	入作上	入甚	入	入
	拟音	k'iɛ	k'iai	k'e	k'ək	k'ɐk

"客"字在《广韵》中属于入声二十陌韵，"苦格切"，溪母、开口、二等韵，拟定音值为 k'ɐk。在《正韵》中属于入声七陌韵，"乞格切"，我们拟为 k'ək 音。在《耳目资》中属于第二摄 e 入声，"苦黑切"，罗马字拼音为 k'e。在《中原音韵》中与"额"同样属

于"车遮韵"和"皆来韵"两韵。声调都是入声作上声，拟定"车遮韵"的音值为 k'iɛ、"皆来韵"的音值为 k'iai。

与上述"额"字的分析一样，我们认为与蒙古语 ke 语音结构类型相对应的是"客"字所拥有的"车遮韵"的读音。因此拟定"客"字在《译语》中的音值为 k'iɛ³。

另外，在这里还有必要说明的是，对于"额"与"客"两字所表现出的"车遮韵"的读音，薛凤生曾指出："车遮韵"的读音是属于"皆来韵"的主要元音与韵尾相结合的产物。例如，他在《中原音韵音位系统》（1990：126）中明确指出：

> 这类入声字中有三个倒也出现在车遮韵里。它们是 1453033"客"　（中古：梗开二入陌溪，现代/khè/），1453035"吓"　（中古：梗开二入陌疑，现代/hè/）和 "额"（中古：梗开二入陌疑，现代/é/），但他们的出现好像不是读书音所致。……有意思的是，《中原音韵音韵》的韵母/yay/在现代北京话里，除了自成音节外以（如："崖"，现代北京话为/yay/或/ya/），已经改读/ye/了。我们看到，/yay/→/ye/的过程早在《中原音韵音韵》就开始了，但首先限制在以前入声音节（包括一个零声母音节）的范围内，可能作为一个类推变化的结果，后来才在除了零声母音节外的所有音节中全面推开。①

由此看来，"额"与"客"二字"车遮韵"的读音是白话音"皆来韵"韵母结合的结果，从而我们可以确定，拼写蒙古语 e 与

---

① 参照薛凤生《中原音韵音位系统》，北京语言学院出版社 1990 年版，第 126 页。

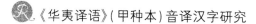

ke 语音结构类型的音译汉字"额"与"客",并不是文言音读音的产物。

(3)"刻"字的分析 ——"刻"字在《译语》中拼写蒙古语 ke 语音结构类型。例如,"额_惕刻"(etke 割)1:13a7。"刻"字在各类韵书中的收录情况如下:

表13   "刻"

音译汉字	分类	中原音韵	耳目资	正韵	广韵
刻	韵类/表记	6 皆来	k'e,苦黑	7 陌,乞格	25 德,苦得
	声调	入作上	入	入	入
	拟音	k'iai	k'e	k'ək	k'ək

从表13中可以看出,"刻"字在《广韵》中属于入声二十五德韵,它的反切为"苦得切",溪母、开口、一等韵,拟定音值为 k'ək。在《正韵》中属于入声七陌韵,反切为"乞格切",我们拟为 k'ək 音。在《耳目资》中属于第二摄 e 入声,"苦黑切",罗马字拼音为 k'e。在《中原音韵》中与"客"字的"皆来韵"读音基本一致,而声调是入声作上声,拟定音值应该为 k'iai。

根据上述对"客"字的客观且实在的分析结果,我们可以将"刻"字在《译语》中的实际音值进一步拟定为 $k'i\varepsilon^3$。

(4)"格"字的分析 ——"格"在《译语》中拼写蒙古语 ge 语音结构类型。例如,"格格延"(gege'en 明)1:27a4。各韵书中的收录情况如下:

表14 "格"

音译汉字	分类	中原音韵	耳目资		
格	韵类/表记	6皆来	ko，格恶	ke，古黑	
	声调	入作上	入甚	入甚	
	拟音	kiai	ko	ke	
音译汉字	分类	正韵	广韵		
格	韵类/表记	7陌，各額	6薬，葛鹤	20陌，古伯	19鐸，古落
	声调	入	入	入	入
	拟音	kək	kak	kɐk	kɑk

"格"字在《广韵》中属于入声二十陌韵，"古伯切"，见母、开口、二等韵，拟定定音值为kɐk。另外，还属于入声十九鐸韵，"古落切"，见母、开口、一等韵，拟定音值为kɑk。在《正韵》中属于入声字，并有四种读音。分别是七陌韵"各額切"与"胡得切"两种读音以及六薬韵"葛鹤切"与"曷各切"的两种读音。其中，"胡得切"与"曷各切"的两种读音的声母不能够表记蒙古语的g辅音①，在本书中不进行拟音分析。我们拟定陌韵"各額切"的音值为kək，薬韵"葛鹤切"的音值为kak。在《耳目资》中也收录了四种读音。第二摄e入声，"古黑切"与"湖则切"的二音，罗马字拼音分别为ke与he。第四摄o入声，"黑恶切"与"格恶切"的二音，罗马字拼音分别为ho与ko。本书只分析字父（声母）为k的两种读音。在《中原音韵》中"格"字属于"皆来"韵入声作上声，拟定音值为kiai。

"格"字在《中原音韵》的读音，没有充分的语音条件来拼写蒙古语的ge语音结构类型。与"客"、"額"二字不同的是，"格"没有被《中原音韵》的"车遮韵"所收。但是，中古二等牙喉音由于介音

———————

① 拼写蒙古语辅音g的音译汉字基本都是中古见母字。

i 的异化作用，主要元音和韵尾 i 产生融合现象，从而产生出近似 iɛ 的读音。根据这种论据，我们可以推定"格"字也有与"客"字"车遮韵"读音相同的读音，并且根据这类读音拼写了蒙古语的 ge 音。由此，我们拟定"格"字在《译语》中的音值为 kiɛ^3。

（5）"小"字的分析 —— "小"字在《译语》中拼写蒙古语语音结构 se 类型。例如，"小兀迭儿"（sewüder 影）1：21b3。"小"字在《译语》中的使用在一定程度上反映出了蒙古语的词义内涵。"小"字在各韵书中的收录情况如下：

表15   "小"

音译汉字	分类	中原音韵	耳目资	正韵	广韵
小	韵类/表记	11 萧豪			30 小，私兆
	声调	上			上
	拟音	siɛu			sǐɛu

"小"字在《广韵》中属于上声三十小韵，心母、开口、三等韵，拟定音值为 sǐɛu。在《中原音韵》中属于"萧豪"韵上声，拟定音值为 siɛu。

根据《中原音韵》的音系，我们拟定"小"字在《译语》中的音值为 siɛu^3。

"小"字在《译语》中只出现了一次，即上述"小兀迭儿"（sewüder 影）一词。我们认为，"小"字韵母 iɛu 的韵尾 u 音素，表记的是蒙古语 sewüder 一词第二音节的 w 辅音，由此可以说，"小"字的韵母 iɛu 与蒙古语 C + E 式的对应关系不能成立。

（6）"黑"字的分析 —— "黑"字在《译语》中主要拼写蒙古语音节末辅音 q 音素。只有在"黑里干"（heligen 肝）一例中，拼

写蒙古语 he 语音结构类型。"黑"字在各韵书中的收录情况如下:

表 16 "黑"

音译汉字	分类	中原音韵	耳目资	正韵	广韵
黑	韵类/表记	4 齐微	he,湖则	7 陌,迄得	25 德,呼北
	声调	入作上	入甚	入	入
	拟定音	xei	he	xɛk	xɛk

"黑"字在《广韵》中属于入声二十五德韵,"呼北切",晓母、开口、一等韵,拟定音值为 xɛk。在《正韵》中属于入声七陌韵,"迄得切",我们拟为 xɛk 音。在《耳目资》中属于第二摄 e 入声甚,"湖则切",罗马字拼音为 he。在《中原音韵》中属于"齐微"韵入声作上声,拟定音值为 xei。

根据上述各韵书的收录情况,我们拟定"黑"字在《译语》中的音值为 xei[3]。

小　　结

通过上述具体分析以及个别音译汉字的拟音分析,我们可以对蒙古语 C＋E 语音结构类型的音译汉字与《中原音韵》韵母类型的对用现象作出如下的归纳:

C＋E 式

↕

车遮韵

↕

iɛ 小韵

上图所示的内容，说明了蒙古语 C + E 式与《中原音韵》的"车遮韵"的 iɛ 小韵有着较为整齐的对应现象。根据《译语》实例的分析，我们排除了 C + E 式↔皆来韵↔iai 小韵、C + E 式↔萧豪韵↔iɛu 小韵、C + E 式↔齐微韵↔ei 小韵对应现象的可能性，肯定了蒙古语 C + E 式与《中原音韵》"车遮韵" iɛ 小韵的对应关系。

表17　　　　　　　　　　蒙古语 C + E 式音译汉字

蒙古语	音译汉字	中原音韵	拟音	声调	拟定音值
ne	捏	车遮	niɛ	入作去	niɛ
be	别	车遮	piɛ	入作平阳	piɛ
			piɛ	入作上	
me	篾	车遮	miɛ	入作去	miɛ
le	列	车遮	liɛ	入作去	liɛ
se	薛	车遮	siɛ	入作上	siɛ
se	小	萧豪	siɛu	上	siɛu
te	帖	车遮	t'iɛ	入作上	t'iɛ
de	迭	车遮	tiɛ	入作平阳	tiɛ
če	扯	车遮	tʃ'iɛ	上	tʃ'iɛ
če	徹				tʃ'iɛ
je	者	车遮	tʃiɛ	上	tʃiɛ
je	摺	车遮	tʃiɛ	入作上	tʃiɛ
je	輒				
je	闍				
ye	也	车遮	iɛ	上	iɛ
ye	耶	车遮	iɛ	平阳	iɛ
re	⁽舌⁾列	车遮	liɛ	入作去	riɛ
e	额	车遮	iɛ	入作去	iɛ
		皆来	iai	入作去	

续表

蒙古语	音译汉字	中原音韵	拟音	声调	拟定音值
ke	客	车遮	k'iε	入作上	k'iε
		皆来	k'iai	入作上	
ke	刻	皆来	k'iai	入作上	k'iε
ke	怯	车遮	k'iε	入作上	k'iε
he	赫				xiε
he	协	车遮	xiε	入作平阳	xiε
he	黑	齐微	xei	入作上	xei
ge	格	皆来	kiai	入作上	kiε

2.2.3 C+I式的对应关系

拼写蒙古语 C＋I 语音结构类型的字有"亦"、"宜"、"你"、"泥"、"必"、"希"、"喜"、"乞"、"奇"、"其"、"吉"、"急"、"迷"、"覓"、"里"、"歷"、"昔"、"洗"、"失"、"石"、"拭"、"食"、"式"、"的"、"赤"、"池"、"只"、"知"、"直"、"至"、"舌里"、"積"等32字。其中,"宜"、"你"、"泥"、"必"、"希"、"喜"、"乞"、"奇"、"其"、"吉"、"急"、"迷"、"覓"、"里"、"歷"、"昔"、"洗"、"失"、"石"、"拭"、"食"、"的"、"赤"、"池"、"只"、"知"、"直"、"舌里"、"積"等29字属于《中原音韵》"齐微韵"。"亦"、"式"二字没有收录。"至"字属于"支四韵"。《中原音韵》的"齐微韵"有 i、ei、uei 等三种小韵。拼写蒙古语 C＋I 式的音译汉字基本属于 i 小韵。

下面我们具体分析没有收录进《中原音韵》的"亦"、"式"二字。

(1)"亦"字的分析 ——根据我们所掌握的资料,"亦"在《译语》中基本上使用于拼写蒙古语 i 元音。并且,几乎都是用于词头或词中,不使用于词尾。例如,"亦列"(ile 教去)。"亦"字在各类韵书中的收录情况如下:

表18   "亦"

音译汉字	分类	中原音韵	耳目资	正韵	广韵
亦	韵类/表记		ie，衣十	7 陌，夷益	22 昔，羊益
	声调		入次	上	入
	拟音		ie	iək	jĭɛk

"亦"在《广韵》中属于入声二十二昔韵，"羊益切"，余母、开口、三等韵，拟定音值为 jĭɛk。在《正韵》中属于入声七陌韵，"夷益切"，我们拟为 iək 音。在《耳目资》中属于第十四摄 ie 入声次，罗马字拼音为 ie。在《中原音韵》中没有收录，然而，"亦"字的中古同音字"驿"字属于"齐微韵"入声去声，拟定音值为 i。因此，我们可以根据"驿"字的读音，拟定"亦"字在《译语》中的音值为 i^4。

（2）"式"字的分析——"式"字在《译语》中拼写蒙古语 ši 语音结构类型。例如，"ᶜ阔式"（qoši 双）1：22b4。"式"字在各韵书中的收录情况如下。

表19   "式"

音译汉字	分类	中原音韵	耳目资	正韵	广韵
式	韵类/表记		xe，书尺	7 陌，施隻	24 职，赏职
	声调		入次	入	入
	拟音	ʃi	ʃe	ʃiək	çĭək

"式"字在《广韵》中属于入声二十四职韵，"赏职切"，书母、开口、三等韵，拟定音值为 çĭək。在《正韵》中属于入声七陌韵，"施隻切"，我们拟音为 ʃiək。在《耳目资》中属于第二摄 e 入声，"书尺切"，罗马字拼音为 xe。在《中原音韵》中，"式"字的中古

同音字"拭"字属于"齐微"韵入声作上声,拟定音值为ʃi。我们根据"拭"字的读音拟定"式"字在《译语》中的音值为ʃi²。

小　　结

根据上述多方面的分析,我们可以归纳出,蒙古语C＋I语音连用结构类型与《中原音韵》韵母类型的对应现象,如下图所示:

C＋I式

↕

齐微韵

↕

i 小韵

从上图所示的内容,我们可以看出,蒙古语C＋I语音结构类型与《中原音韵》的"齐微韵"的i小韵有着及其整齐而有规律的对应关系。

表20　　　　　　　　　　蒙古语C＋I式音译汉字

蒙古语	音译汉字	中原音韵	拟音	声调	拟定音值
i	亦				i
i	宜	齐微	i	平阳	i
ni	你	齐微	ni	上	ni
ni	泥	齐微	ni	平阴	ni
		齐微	ni	去	
bi	必	齐微	pi	入作上	pi
ki	乞	齐微	k'i	入作上	k'i
ki	奇	齐微	k'i	平阳	k'i

蒙古语	音译汉字	中原音韵	拟音	声调	拟定音值
		齐微	ki	平阴	ki
ki	其	齐微	k'i	平阳	k'i
hi	希	齐微	xi	平阴	xi
hi	喜	齐微	xi	上	xi
gi	吉	齐微	ki	入作上	ki
gi	急	齐微	ki	入作上	ki
mi	迷	齐微	mi	平阳	mi
mi	竟	齐微	mi	入作去	mi
li	里	齐微	li	上	li
li	歷	齐微	li	入作去	li
ši	洗	齐微	si	上	si
ši	昔	齐微	si	入作上	si
ši	失	齐微	ʃi	入作上	ʃi
ši	石	齐微	ʃi	入作平	ʃi
ši	拭	齐微	ʃi	入作上	ʃi
ši	食	齐微	ʃi	入作平	ʃi
		支思	sʅ	去	ʃi
ši	式				ʃi
di	的	齐微	ti	入作上	ti
či	池	齐微	tʃ'i	平阳	tʃ'i
či	赤	齐微	tʃ'i	入作上	tʃ'i
ji	只	齐微	tʃi	入作上	tʃi
ji	知	齐微	tʃi	平阴	tʃi
ji	直	齐微	tʃi	入作平	tʃi
ji	至	支思	tʃʅ	去	ʃi
ri	^舌里	齐微	li	上	ri
ri	積	齐微	tsi	入作上	tsi

2.2.4　C+O/Ö式的对应关系

拼写蒙古语C+O/Ö语音结构类型的音译汉字有"斡"、"窝"、"那"、"諾"、"孛"、"博"、"伯"、"^中火"、"^中豁"、"^中闊"、

"和"、"火"、"訶"、"豁"、"呵"、"可"、"閣"、"顆"、"科"、"果"、"哥"、"葛"、"歌"、"郭"、"抹"、"莫"、"劣"、"羅"、"莎"、"雪"、"脱"、"妥"、"多"、"朶"、"啜"、"搠"、"勺"、"卓"、"拙"、"着"、"約"、"^舌劣"、"^舌羅"等43字。

其中，属于"歌戈韵"的字有"窝"、"那"、"諾"、"^中火"、"^中閣"、"和"、"火"、"訶"、"呵"、"可"、"閣"、"顆"、"科"、"果"、"哥"、"葛"、"歌"、"抹"、"羅"、"莎"、"脱"、"妥"、"多"、"朶"、"着"、"^舌羅"等26字。属于"车遮韵"的有"劣"、"雪"、"啜"、"拙"、"^舌劣"5字。属于"萧豪韵"的字有、"郭"、"卓"2字。"歌戈韵"与"萧豪韵"两韵并收的字有"莫"、"約"2字。没有被《中原音韵》所收录字有"斡"、"孛"、"博"、"^中豁"、"豁"、"搠"、"勺"7字。属于"皆来"韵的只有一个"伯"字。

下面我们用表格形式展示《中原音韵》"歌戈韵"、"萧豪韵"、"车遮韵"三中韵部的小韵分类，请看表21：

表21　　　　　　　"歌戈"、"萧豪"、"车遮"三韵小韵分类表

韵部	小韵种类
12 歌戈	o
	io
	uo
11 萧豪	au
	iau
	iɛ
14 车遮	iɛ
	iuɛ
6	ai

　　显然，拼写蒙古语 C + O/Ö 式的音译汉字中"歌戈韵"的字最多，几乎占了半数以上。其中，uo 小韵的字居多。其次是"萧豪韵"与"车遮韵"的字也占有一定程度的比例。

　　从对应关系来看，虽然"歌戈韵"的字音与蒙古语 C + O/Ö 式语音结构类型最接近的，但是拼写蒙古语 čo/čö，jo/jö 时却不用"12 歌戈"的字，而是用了"11 萧豪"和"14 车遮"的字。为了探其原因，必须要一个字一个字的结合《秘史》的具体实例来进行考证。我们在第三章将进行具体分析。

　　《中原音韵》作为基本资料，在分析《译语》蒙古语语音和汉字音的对应关系时，不同韵母类型的字可以表示蒙古语的一语音结构类型，其中一个重要的理由就是阳性词和阴性词的区别使用原则。具体来说就是拼写蒙古语 C + O/Ö 语音结构类型的音译汉字中，"12 歌戈"韵的字没有区别拼写阳性词和阴性词，而"11 萧豪"韵的字主要拼写阳性词，"14 车遮"韵的字主要拼写阴性词。这个原则主要适用于蒙古语 Č/J + O/Ö 式的拼写。

　　蒙古语的 C + O/Ö 式和《中原音韵》韵母类型之间的对应关系如下图所示：

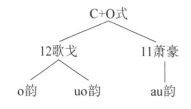

图 1　阳性词的对应关系

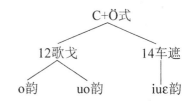

图 2　阴性词的对应关系

表 22   **蒙古语 C + O/Ö 式音译汉字**

蒙古语	音译汉字	中原音韵	拟音	声调	拟定音值
o	斡				uo
o	窝	歌戈	uo	平阴	uo
no	那	歌戈	nuo	平阳	nuo
		歌戈	nuo	上	nuo
		歌戈	nuo	去	nuo
		家麻	na	去	
no	諾	歌戈	nuo	入作去	nuo
bo	孛				po
bo	博				po
bo	伯	皆来	pai	入作上	pai
qo	中火	歌戈	xuo	上	xuo
qo	中豁				xuo
qo	中闊	歌戈	k'uo	入作上	quo
ho	和	歌戈	xuo	平阳	xuo
ho	火	歌戈	xuo	上	xuo
ho	訶	歌戈	xo	平阴	xo
ho	豁				xuo
ko	呵	歌戈	xo	平阴	xo
ko	可	歌戈	k'o	上	k'o
ko	闊	歌戈	k'uo	入作上	k'uo
ko	顆	歌戈	k'uo	上	k'uo
ko	科	歌戈	k'uo	平阴	k'uo
go	果	歌戈	kuo	上	kuo

go	哥	歌戈	ko	平阴	ko
go	葛	歌戈	ko	入作上	ko
go	歌	歌戈	ko	入作上	ko
go	郭	萧豪	k'au	入作上	k'au
mo	抹	歌戈	muo	入作上	muo
mo	莫	歌戈	muo	入作去	muo
		萧豪	mau	入作去	mau
lo	劣	车遮	liuε	入作去	liuε
lo	羅	歌戈	luo	平阳	luo
so	莎	歌戈	suo	平阴	suo
so	雪	车遮	siuε	入作上	siuε
to	妥	歌戈	t'uo	上	t'uo
to	脱	歌戈	t'uo	入作上	t'uo
do	多	歌戈	tuo	平阴	tuo
do	朵	歌戈	tuo	上	tuo
čo	啜	车遮	tʃ'iuε	入作上	tʃ'iuε
čo	搠				tʃ'au
jo	勺				tʃiuε
jo	卓	萧豪	tʃau	入作上	tʃau
jo	拙	车遮	tʃiuε	入作上	tʃiuε
jo	着	歌戈	tʃio	入作平阳	tʃio
yo	约	歌戈	io	入作去	iau
		萧豪	iau	入作去	
ro	^舌劣	车遮	liuε	入作去	riuε
ro	^舌羅	歌戈	luo	平阳	ruo

2.2.5 C+U/Ü 式的对应关系

拼写蒙古语 C + U/Ü 语音结构类型的音译汉字有"兀"、"弩"、"訥"、"奴"、"卜"、"不"、"ᴴ忽"、"忽"、"許"、"呼"、"枯"、"窟"、"古"、"沽"、"谷"、"骨"、"木"、"模"、"眉"、"禄"、"鲁"、"呂"、"速"、"俗"、"續"、"书"、"土"、"秃"、"途"、"圖"、"突"、"都"、"出"、"除"、"抽"、"褚"、"觸"、"主"、"竹"、"諸"、"周"、"余"、"ᴸ鲁"、"租"等44字。其中,"周"、"抽"二字属于《中原音韵》"尤侯韵","眉"字属于"齐微韵",其余的41个音译汉字属于"鱼模韵"。

《中原音韵》"鱼模韵"有 u 与 iu 两种小韵。《译语》音译汉字中属于 u 韵母的有"兀"、"弩"、"訥"、"奴"、"卜"、"不"、"ᴴ忽"、"忽"、"呼"、"枯"、"窟"、"古"、"沽"、"谷"、"骨"、"木"、"模"、"眉"、"禄"、"鲁"、"速"、"土"、"秃"、"途"、"圖"、"突"、"都"、"ᴸ鲁"、"租"29字,属于 iu 小韵的有"許"、"呂"、"俗"、"續"、"书"、"出"、"除"、"褚"、"觸"、"主"、"諸"、"余"12字。

在此,可以初步判断,蒙古语 C + U/Ü 语音结构类型与《中原音韵》韵母类型的对应如下:

(1)“眉”字的分析——“眉”字在《译语》中拼写蒙古语 mu 语音结构类型。例如，“莎児眉孫”(sormusun 眉)1：23a7。在《译语》中“眉”字只出现在这一例中。各韵书收录情况如下：

表 23　　“眉”

音译汉字	分类	中原音韵	耳目资	正韵	广韵
眉	韵类/表记	4 齐微	mui，麥微	7 灰，謨杯	6 旨，目悲
	声调	平阳	浊平	平	上平
	拟音	muei	mui	mui	mui

“眉”字在《广韵》中属于上平六旨韵，“目悲切”，明母、开口、三等韵，拟定音值为 mui。在《耳目资》中属于第二十三摄 ui 浊平声，“麥微切”，罗马字拼音为 mui。在《中原音韵》中属于“齐微韵”平声阳，拟定音值为 mui。我们可以拟定“眉”字在《译语》中的音值为 mui^2。

“眉”用在蒙古语“sormusun”的拼写，很明显是为了体现蒙古语语义。在《秘史》的音译汉字的拼写特征里，这样的汉字表意倾向更为突出。诸如此类的对音资料里，为了表现蒙古语语义的拼写方式，或多或少都会有一些牺牲表示语音准确性的因素。我们认为，蒙古语的 mu 语音结构类型与《中原音韵》“齐微韵”的对应关系不能够成立。

(2)“抽”字与“周”字的分析——“抽”字与“周”在《译语》中拼写蒙古语 ču/ju 语音结构类型。这两个字主要用于拼写蒙古语并列副动词词缀，几乎都出现于词尾部分。“抽”字与“周”在各类韵书中的收录情况如下：

表 24   "抽"与"周"

音译汉字	分类	中原音韵	耳目资	正韵	广韵
抽	韵类/表记	16 尤侯	cʻheu, 撺收	19 尤, 丑鸠	18 尤, 丑鸠
	声调	平阴	清平	平	平
	拟音	tʃʻiɛu	tʃʻeu	tʃʻiɛu	tʂʻɿɘu
周	韵类/表记	16 尤侯	cheu, 者抽	cheu, 者抽	18 尤, 职流
	声调	平阴	清平	清平	下平
	拟音	tʃiəu	tʃeu	tʃeu	tɕĭəu

    "抽"字在《广韵》中属于下平声十八尤韵,"丑鸠切",徹母、开口、三等韵,拟定音值为 tʂʻɿɘu。在《正韵》中属于下平十九尤韵,反切与《广韵》相同,我们拟为 tʃʻiɛu 音。在《耳目资》中属于第十摄 eu 清平声,"撺收切",罗马字拼音为 cʻheu。在《中原音韵》中属于十六"尤侯"韵平声阴,拟定音值为 tʃʻiəu。根据上述各类韵书,我们拟定"抽"字在《译语》中的音值为 tʃʻiəu[1]。

    "周"在《广韵》中属于下平声十八尤韵,"職流切",章母、开口、三等韵,拟定音值为 tɕĭəu。在《正韵》中属于平声下十九尤韵,反切与《广韵》相同,我们拟为 tʃiəu 音。在《耳目资》中属于第十摄 eu 清平声,"者抽切",罗马字拼音为 cheu。在《中原音韵》中属于十六"尤侯"韵平声阴,杨耐思拟定音值为 tʃiəu。根据上述各类韵书,我们拟定"周"字在《译语》中的音值为 tʃiəu[1]。

    "抽"字与"周"在《译语》中,用在词尾的实例较多,特别是在来文部分,几乎都出现在词尾位置,用于拼写蒙古语动词并列性条件连接形态词缀 ču/ju。例如,"古ᡰ 儿抽"(gür ču 到着)、"客额周"(ke'ejü 説着)等。在《秘史》中拼写规则更加明显,"抽"与"周"字除了拼写动词形态的词缀以外,几乎未出现拼写其他语音结构类型的现象。

　　"抽"与"周"字在《译语》的词汇集中，有少量拼写蒙古语动词形态词缀以外的语音结构类型的例子，但在来文部分则与《秘史》的拼写方式较为接近，几乎都拼写蒙古语动词形态词缀。我们可以推测，在《译语》和《秘史》音译汉字拼写体系中，"抽"字与"周"二字是用于拼写动词形态词缀的特定音译汉字，从某种意义上说，"抽"字与"周"二字是带有形态语言学意义的专用符号。因此，音译者特地选用了与"鱼模韵"完全不同韵部"尤侯韵"的字，拼写了蒙古语动词形态词缀 ču/ju。在此，我们可以把这两个字作为特例来看待，并且，在探讨对应关系的过程中，可以除去这两个特例来进行分析。

　　根据上述个别音译汉字的具体分析，我们可以排除 C + U/Ü 式↔尤侯韵↔iu 小韵、C + U/Ü 式↔齐微韵↔uei 小韵的对应关系，从而肯定 C + U/Ü 式与《中原音韵》"鱼模韵"的对应关系。如下图所示：

C + U/Ü 式

↕

鱼模韵

↕

u 小韵

　　从上图所示的内容，我们可以看出，蒙古语 C + U/Ü 语音结构类型与《中原音韵》的"鱼模韵"的 u 小韵有着极其整齐且有规律的对应关系。

表25   **蒙古语 C + U/Ü 式音译汉字**

蒙古语	音译汉字	中原音韵	拟音	声调	拟定音值
u	兀	鱼模	u	入作上	u
bu	卜	鱼模	pu	入作上	pu
bu	不	鱼模	pu	入作上	pu
nu	弩	鱼模	nu	上	nu
nu	訥	鱼模	nu	入作去	nu
nu	奴	鱼模	nu	平阳	nu
qu	ᵗʰ忽	鱼模	xu	入作上	qu
hu	忽	鱼模	xu	入作上	xu
hu	許	鱼模	xiu	上	xiu
hu	呼	鱼模	hu	平阴	hu
ku	枯	鱼模	k'u	平阴	k'u
ku	窟	鱼模	k'u	入作上	k'u
gu	古	鱼模	ku	上	ku
gu	沽	鱼模	ku	上	ku
gu	谷	鱼模	ku	入作上	ku
gu	骨	鱼模	ku	入作上	ku
mu	木	鱼模	mu	入作去	mu
mu	模	鱼模	mu	平阳	mu
mu	眉	齐微	muei	平阳	muei
lu	禄	鱼模	lu	入作去	lu
lu	鲁	鱼模	lu	上	lu
lu	吕	鱼模	liu	上	liu
su	速	鱼模	su	上	su
su	俗	鱼模	siu	入作平	siu
su	續	鱼模	siu	入作平	siu
šu	书	鱼模	ʃiu	平阴	ʃiu
tu	土	鱼模	t'u	上	t'u

蒙古语	音译汉字	中原音韵	拟音	声调	拟定音值
tu	秃	鱼模	tʻu	上	tʻu
tu	途	鱼模	tʻu	平阳	tʻu
tu	圖	鱼模	tʻu	平阳	tʻu
du	突	鱼模	tu	入作平	tu
du	都	鱼模	tu	平阴	tu
ču	出	鱼模	tʃʻiu	入作上	tʃʻiu
ču	除	鱼模	tʃʻiu	平阳	tʃʻiu
ču	抽	尤侯	tʃʻiəu	平阴	tʃʻiəu
ču	褚	鱼模	tʃʻiu	上	tʃʻiu
ču	觸	鱼模	tʃʻiu	入作上	tʃʻiu
ju	周	尤侯	tʃiəu	平阴	tʃiəu
ju	主	鱼模	tʃiu	上	tʃiu
ju	竹	鱼模	tʃiu	入作上	tʃiu
		尤侯	tʃiəu	入作上	
ju	諸	鱼模	tʃiu	平阴	tʃiu
yu	余	鱼模	iu	平阳	iu
ru	ᵗᵒⁿᵍ鲁	鱼模	lu	上	ru
ʒu	租	鱼模	ʒu	平阴	ʒu

2.3 C+VV 式的对应关系

《译语》中拼写蒙古语 C+VV 语音结构形式的音译汉字有"埃"、"爱"、"乃"、"伯"、"拜"、"擺"、"ᵗᵒⁿᵍ凯"、"ᵗᵒⁿᵍ孩"、"孩"、"該"、"埋"、"買"、"来"、"台"、"歹"、"澤"、"齋"、"ᵗᵒⁿᵍ来"、"克"、"槐"、"危"、"委"、"爲"、"備"、"ᵗᵒⁿᵍ灰"、"恢"、"魁"、"葵"、

"归"、"圭"、"堆"、"^舌雷"、"奥"、"保"、"卯"、"老"、"讨"、"倒"、"捣"、"刀"、"祷"、"炒"、"口"、"挑"、"潮"、"丑"、"沼"、"纽"等48个字。以下我们根据主要元音的性质进行分类讨论。

2.3.1 C+AI式的对应关系

拼写蒙古语C+AI语音结构类型的音译汉字有"埃"、"爱"、"乃"、"伯"、"拜"、"擺"、"^中凯"、"^中孩"、"孩"、"該"、"埋"、"買"、"来"、"台"、"歹"、"澤"、"齋"、"^舌来"等18字。除了"歹"字，基本都属于《中原音韵》"皆来韵"。"皆来韵"中有ai、iai、uai三种小韵，拼写蒙古语二合元音ai的音译汉字基本属于ai小韵。只有"歹"字没有被《中原音韵》收录。

"歹"字在《译语》中拼写蒙古语dai语音结构类型。例如，"歹亦孙"（daiyisun 敵）。"歹"字在各类韵书中的收录情况如下：

表26 "歹"

音译汉字	分类	中原音韵	耳目资	正韵	广韵
歹	韵类/表记		tai，德宰		12 曷，五割
	声调		上		入
	拟定音		tai		

"歹"字在《正韵》、《中原音韵》等韵书中都没有收录。在《耳目资》中属于第六摄ai上声，"德宰切"，罗马字拼音为tai。另外，在《等韵图经》中属于蟹摄第六开口篇，端母，上声，陆志韦拟定为tai音。根据上述韵书的收录情况，我们拟定"歹"字在

《译语》中的音值为 tai^3。

根据具体分析，我们可以归纳出蒙古语 C + AI 语音结构类型与《中原音韵》韵母类型的对应关系如下：

C + AI 式

↕

皆来韵

↕

ai 小韵

上图所示的内容告诉我们，蒙古语 C + AI 语音结构类型的音译汉字与《中原音韵》"皆来韵"的 ai 小韵有着非常整齐的对应关系。

表 27   **蒙古语 C + AI 式音译汉字**

蒙古语	音译汉字	中原音韵	拟音	声调	拟定音值
ai	埃	皆来	ai	平阴	ai
ai	愛	皆来	ai	去	ai
bai	伯	皆来	pai	入作上	pai
bai	拜	皆来	pai	去	pai
bai	擺	皆来	pai	上	pai
nai	乃	皆来	nai	上	nai
qai	中凯	皆来	k'ai	上	qai
qai	中孩	皆来	xai	平阳	qai
hai	孩	皆来	xai	平阳	qai
gai	該	皆来	kai	平阳	kai
mai	埋	皆来	mai	平阳	mai
mai	買	皆来	mai	上	mai

蒙古语	音译汉字	中原音韵	拟音	声调	拟定音值
lai	来	皆来	lai	平阳	lai
tai	台	皆来	t'ai	平阳	t'ai
dai	歹				tai
jai	澤	皆来	tʃai	入作上	tʃai
jai	齋	皆来	tʃai	平阴	tʃai
rai	^舌来	皆来	lai	平阳	rai

2.3.2 C+EI 式的对应关系

在《译语》里，拼写蒙古语 C+EI 语音结构类型的音译汉字只有"克"一个字。"克"字主要拼写蒙古语 kei 音。例如，"克"（kei 風）1；01a5。"克"字在各韵书收录情况如下：

表 28 "克"

音译汉字	分类	中原音韵	耳目资	正韵	广韵
克	韵类/表记		k'e, 苦黑	7 陌，乞格	25 德，苦得
	声调		入	入	入
	拟定音		k'e	k'ək	k'ək

"克"字在《广韵》中属于入声二十五德韵，"苦得切"，溪母、开口、一等韵，推定音值为 k'ək。在《正韵》中属于入声七陌韵，"乞格切"，我们拟为 k'ək 音。在《耳目资》中属于第二摄 e 入声，"苦黑切"，罗马字拼音为 k'e。

"克"字在《中原音韵》中没有收录。上述《正韵》以及《耳目资》中所收录的音值，与蒙古语的 kei 语音结构类型，有较大的语音差距。"克"字的中古同音字"刻"字在《中原音韵》中属于"皆来"韵

入声作上声,拟定音值为 k'iai。我们可以推测,在当时,"克"字可能也有与"刻"字类似的读音。佐藤在《北京话口语音与文言音》(1979)中指出,在昌黎方言中,"克"字在口语里读 k'ei 音。昌黎县是河北省秦皇岛市的县城,方言特征较接近北京话。另外,济南方言音中,"克"字有文白异读现象,文言音为 k'ɤ,白话音为 k'ei。

显然,能够与蒙古语 kei 语音结构类型相对应的是,"克"字的白话音。换句话说,《译语》被编撰的年代,"克"就有文言音与白话音两种读音,并且,《译语》的音译者是根据"克"字的白话音,拼写了蒙古语的 kei 语音结构形式。我们拟定"克"字在《译语》中的音值为 k'ei³。

根据上述具体分析,可以归纳出蒙古语 C + EI 语音连用结构类型与《中原音韵》韵母类型的对应现象如下所示:

C + EI 式

$\updownarrow$

齐微韵

$\updownarrow$

ei 韵母

从上图所示的内容中我们可以看出,蒙古语 C + EI 语音结构类型与《中原音韵》"齐微韵"的 ei 小韵形成了较为有规律的对应关系。

表 29　　　　　　　　　　　**蒙古语 C + EI 式音译汉字**

蒙古语	音译汉字	中原音韵	拟音	声调	拟定音值
kei	克				k'ei

2.3.3 C + OI 式的对应关系

拼写蒙古语 C + OI 语音结构类型的字只有"槐"一个字。"槐"字在蒙古语中拼写 hoi 语音结构类型。例如，"槐"（hoi 林）1：01b7。"槐"在各类韵书中的收录情况如下：

表 30 "槐"

音译汉字	分类	中原音韵	耳目资	
槐	韵类/表记	6 皆来	hoai，黑懐	hoei，黑危
	声调	平阳	浊平	浊平
	拟音	xuai	hoai	hoei
		正韵		广韵	
槐	韵类/表记	6 皆，乎乖	7 灰，胡瑰	14 皆，戶乖	15 灰，戶恢
	声调	平	平	平	平
	拟音	ɣuai	ɣuei	ɣwɐi	ɣuɒi

"槐"字在《广韵》中属于上平声十四皆韵，"戶乖切"，匣母、合口、二等韵，拟定音值为 ɣwɐi。另外，还收录在十五灰韵，"戶恢切"，匣母、合口、一等韵，拟定音值为 ɣuɒi。在《正韵》中属于平声上六皆韵，"乎乖切"，我们拟为 ɣuai 音。另外，七灰韵也有收录，反切为"胡瑰切"，拟为 ɣuei。在《耳目资》中属于第三十八摄 oai 浊平声与第三十九摄 oei 浊平声，反切分别是"黑懐切"与"黑危切"，罗马字拼音分别为 hoai 与 hoei。在《中原音韵》中属于"皆来韵"平声阳，拟定音值为 xuai。由此，我们拟定"槐"字在《译语》中的音值为 $xuai^2$。

根据上述各类韵书收录情况以及个别音译汉字的具体分析，可归纳总结出蒙古语 C + OI 语音结构类型与《中原音韵》韵母类型的

对应关系。请看下图:

C + OI 式

↕

皆来韵

↕

uai 小韵

上图为我们揭示了蒙古语 C + OI 语音结构类型与《中原音韵》"皆来韵"的 uai 小韵有着极其整齐且有规律的对应关系的事实。

表31　　　　　　　　　　蒙古语 C + OI 音译汉字

蒙古语	音译汉字	中原音韵	拟音	声调	拟定音值
hoi	槐	皆来	xuai	平阳	xuai

2.3.4　C + UI 式的对应关系

拼写蒙古语 C + UI 语音结构类型的音译汉字有"危"、"委"、"爲"、"备"、"中灰"、"恢"、"魁"、"癸"、"歸"、"圭"、"堆"、"舌雷"12 个字。基本属于《中原音韵》"齐微韵"。"齐微韵"有 i 小韵和 uei 小韵两种韵母。"危"、"委"、"爲"、"备"、"中灰"、"魁"、"癸"、"歸"、"圭"、"堆"、"舌雷"11 个字都属于 uei 小韵。只有"恢"没有被《中原音韵》收录。

"恢"字在《译语》中拼写蒙古语 küi 语音结构类型。例如,"不恢"(büküi 有)、"阿亦速恢"(ayisuqui 来的時)等。各韵书收录情况如下:

表32 **"恢"**

音译汉字	分类	中原音韵	耳目资	正韵	广韵
恢	韵类/表记		k'uei, 克痿	7 灰, 枯回	15 灰, 苦回
	声调		清平	平	平
	拟音		k'uei	k'uei	k'uɒi

"恢"字在《广韵》中属于上平声十五灰韵,"苦回切",溪母、合口、一等韵,拟定音值为 k'uɒi。在《正韵》中属于平声上七灰韵,"枯回切"我们拟为 k'uei。在《耳目资》中属于第四十四摄 uei 清平声,"克痿切",罗马字拼音为 k'uei。在《中原音韵》中没有收录。中古音与"恢"字同音的"盔"字在《中原音韵》中属于"齐微韵"平声阴,拟定音值为 k'uei。根据上述韵书的收录情况我们拟定"恢"字在《译语》中的音值为 k'uei[1]。

综上所述,我们可以归纳出蒙古语 C + UI 语音结构类型与《中原音韵》韵母类型的对应关系如下:

C + UI 式

↕

齐微韵

↕

uei 小韵

从上图所体现的内容,我们可以看出蒙古语 C + UI 语音结构类型与《中原音韵》"齐微韵"的 uei 小韵有着极其整齐的对应关系。

表33 蒙古语 C + UI 式音译汉字

蒙古语	音译汉字	中原音韵	拟音	声调	拟定音值
ui/üi	危	齐微	uei	平阳	uei
ui/üi	委	齐微	uei	上	uei
ui/üi	爲	齐微	uei	平阳	uei
bui/büi	備	齐微	puei	去	puei
qui	中灰	齐微	xuei	平阴	xuei
küi	恢				xuei
küi	魁	齐微	k'uei	平阴	k'uei
güi	癸	齐微	kuei	上	kuei
güi	歸	齐微	kuei	平阴	kuei
güi	圭	齐微	kuei	平阴	kuei
dui/düi	堆	齐微	tuei	平阴	tuei
rui	舌雷	齐微	luei	平阳	ruei

2.3.5 C + AU 式的对应

拼写蒙古语 C + AU 语音结构类型的音译汉字有"奥"、"保"、"卯"、"老"、"討"、"倒"、"搗"、"刀"、"禱"、"炒" 10 个字，基本都属于《中原音韵》"萧豪韵"。"萧豪韵"有 au、iau、iɛu 三种小韵，拼写蒙古语 C + AU 语音结构类型的字全部属于 au 小韵。

可以说，蒙古语 C + AU 语音结构类型与《中原音韵》韵母类型的对应关系如下：

C + AU 式

↕

萧豪韵

↕

au 小韵

显然，上图为我们展示了蒙古语 C + AU 语音结构类型与《中原音韵》"萧豪韵"au 小韵所拥有的极其自然且有规律的对应关系。

表 34　　　　　　　　　　　　蒙古语 C + AU 式音译汉字

蒙古语	音译汉字	中原音韵	拟音	声调	拟定音值
au	奥	萧豪	au	去	au
bau	保	萧豪	pau	上	pau
mau	卯	萧豪	mau	上	mau
lau	老	萧豪	lau	上	lau
tau	討	萧豪	tʻau	上	tʻau
dau	倒	萧豪	tau	上	tau
dau	搗	萧豪	tau	上	tau
dau	刀	萧豪	tau	平阴	tau
dau	禱	萧豪	tau	上	tau
čau	炒	萧豪	tʃʻau	上	tʃʻau

2.3.6　C + EÜ 式的对应关系

拼写蒙古语 C + EÜ 语音结构类型的音译汉字有"口"、"挑"、"潮"、"丑"、"沼"5 个字。属于《中原音韵》"萧豪韵"和"尤侯韵"的是"挑"、"潮"、"沼"，都是"萧豪韵"iɛu 小韵的字。"口"字属于"尤侯韵"的 əu 小韵，"丑"字属于"尤侯"韵的 iəu 小韵。

蒙古语 C + EÜ 语音结构类型与《中原音韵》韵母类型的对应关系如下：

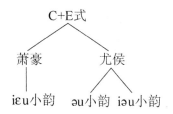

从上图表示的内容来看，蒙古语 C + EÜ 语音结构类型与《中原音韵》韵韵母类型形成了 C + EÜ 式↔"萧豪韵"↔iɛu 小韵、尤侯韵↔ɘu 小韵与 iɘu 小韵的三种对应关系。

表35　　　　　　　　蒙古语 C + EÜ 式音译汉字

蒙古语	音译汉字	中原音韵	拟音	声调	拟定音值
k'eü	口	尤侯	k'u	上	k'u
teü	挑	萧豪	t'iɛu	平阳	t'iɛu
čeü	潮	萧豪	tʃ'iɛu	阳平	tʃ'iɛu
čeü	丑	尤侯	tʃ'iu	上	tʃ'iu
jeü	沼	萧豪	tʃiɛu	去	tʃiɛu

2.3.7　C + IU 式的对应关系

拼写蒙古语 C + IU 语音结构类型的音译汉字只有"纽"一字。"纽"字在《译语》中拼写蒙古语 niu 语音结构类型。例如，"纽列思魁"（niuleskui 仁）1：25a4。"纽"字在各类韵书中的收录情况如下：

表36   **"紐"**

音译汉字	分类	中原音韵	耳目资	正韵	广韵
紐	韵类/表记	16 尤侯	nieu，搦有	19 有，女九	44 有，女久
	声调	上	上	上	上
	拟音	niəu	nieu	niəu	nǐəu

"紐"在《广韵》中属于上声四十四有韵，"女久切"，泥母、开口、三等韵，拟定音值为 nǐəu。在《正韵》中属于上声十九有韵，"女九切"，我们拟为 niəu 音。在《耳目资》中属于第三十三摄 ieu 上声，"搦有切"罗马字拼音为 nieu。

"紐"在《中原音韵》中属于"尤侯韵"上声，拟定音值为 niəu。因此，我们根据上述各类韵书收录情况，拟定"紐"在《译语》中的音值为 niəu³。

拼写蒙古语 C + IU 语音结构类型与《中原音韵》韵母类型的对应关系如下：

C + IU 式

↕

尤侯韵

↕

iəu 小韵

上图为我们展示了蒙古语 C + IU 语音结构类型与《中原音韵》"尤侯韵" iəu 小韵所拥有的及其自然而有规律的对应关系。

表 37   **蒙古语 C + IU 音译汉字**

蒙古语	音译汉字	中原音韵	拟音	声调	拟定音值
niu	紐	尤侯	niəu	上	niəu

2.4　CV + N 式的对应关系

在这节中，我们把拼写蒙古语 CV + N 语音结构类型的音译汉字，根据其主要元音的性质，分为 CA + N 式、CE + N 式、CI + N 式、CO + N 式、CU + N 式等 5 个小组，进行详尽的分析，进而揭示出它们与《中原音韵》韵母类型之间所拥有的对应现象以及对应规律。

2.4.1　CA + N 式的对应关系

拼写蒙古语 CA + N 语音结构类型的音译汉字有"安"、"班"、"斑"、"ᴴ侃"、"ᴴ罕"、"罕"、"刊"、"干"、"蠻"、"闌"、"壇"、"檀"、"丹"、"巉"、"顔"、"ᴸ闌" 16 个字。几乎都属于《中原音韵》"寒山韵"，只有"巉"字没有被收录。《中原音韵》的"寒山韵"有 an、ian、uan 三种小韵，被纳入《中原音韵》的 15 个字都属于"寒山韵"的 an 小韵。

蒙古语 CA + N 语音结构类型与《中原音韵》韵母类型的对应关系如下：

CA + N　式

↕

寒山韵

↕

an 小韵

很显然，上图的内容告诉我们，蒙古语 CA + N 语音结构类型与《中原音韵》"寒山韵" an 小韵拥有极其自然且有规律的对应关系。

表38 蒙古语 CA + N 式音译汉字

蒙古语	音译汉字	中原音韵	拟音	声调	拟定音值
an	安	寒山	an	平阴	an
ban	班	寒山	pan	平阴	pan
ban	斑	寒山	pan	平阴	pan
qan	中侃	寒山	kan	平阴	qan
qan	中罕	寒山	xan	上	qan
kan	刊	寒山	k'an	平阴	k'an
han	罕	寒山	xan	上	xan
gan	干	寒山	kan	平阴	kan
man	蠻	寒山	man	平阳	man
lan	闌	寒山	lan	平阳	lan
tan	壇	寒山	t'an	平阳	t'an
tan	檀	寒山	t'an	平阳	t'an
dan	丹	寒山	tan	平阴	tan
čan	巉				tʃ'an
yan	顔	寒山	ian	平阳	ian
ran	舌闌	寒山	lan	平阳	ran

2.4.2 CE +N 形式的对应关系

拼写蒙古语 CE + N 语音结构类型的音译汉字有"邊"、"堅"、"根"、"綿"、"免"、"連"、"先"、"田"、"顛"、"禪"、"氎"、"延"、"舌連"等 13 字。其中，属于《中原音韵》"先天韵"的是"邊、堅、綿、免、連、先、田、顛、禪、氎、延、舌連" 12 个字。只有"根"字属于"真文韵"。"先天韵"有 iɛn 与 iuɛn 两种小韵，属于"先天韵"的12个字都属于iɛn小韵。

蒙古语 CE + N 语音结构类型与《中原音韵》韵母类型的对应关系如下：

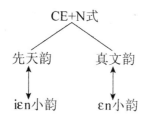

显然，上图为我们展示了蒙古语 CE + N 语音结构类型与《中原音韵》韵母类型拥有 CE + N↔"先天韵"↔iɛn 小韵、CE + N↔"真文韵"↔ɛn 小韵的两种对应关系。

表39 　　　　　　　　　　**蒙古语 CE + N 音译汉字**

蒙古语	音译汉字	中原音韵	拟音	声调	拟定音值
ben	邊	先天	piɛn	平阳	piɛn
gen	堅	先天	kiɛn	平阴	kiɛn
gen	根	真文	kɛn	平阴	kɛn
men	綿	先天	miɛn	平阳	miɛn
men	免	先天	miɛn	上	miɛn
len	連	先天	liɛn	平阳	liɛn
sen	先	先天	siɛn	平阴	siɛn
ten	田	先天	t'iɛn	平阳	t'iɛn
den	顛	先天	tiɛn	平阴	tiɛn
čen	禪	先天	tʃ'iɛn	平阳	tʃ'iɛn
jen	毽	先天	tʃiɛn	平阴	tʃiɛn
yen	延	先天	iɛn	平阳	iɛn
ren	舌連	先天	liɛn	平阳	riɛn

2.4.3 CI+N式的对应关系

拼写蒙古语 CI+N 语音结构类型的字有"纫"、"賓"、"勤"、"民"、"敏"、"閔"、"鄰"、"申"、"亭"、"臣"、"陳"、"嗔"、"真"、"因"、"寅"、"^舌鄰" 16 个字，除了"亭"字以外都属于《中原音韵》"真文韵"，"真文韵"有 ən、iən、uən 等三种小韵，这 15 个音译汉字都是 iən 小韵的字。"亭"字属于《中原音韵》"庚青韵"的 iəŋ 小韵。

蒙古语 CI+N 语音结构类型与《中原音韵》韵母类型的对应关系如下：

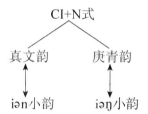

从上图所表示的内容来看，蒙古语 CI+N 语音结构类型与《中原音韵》韵母类型有着 CI+N↔"真文韵" ↔ iən 小韵、CI+N↔"庚青韵"↔iəŋ 小韵的两种对应关系。

表 40　　　　　　　　　　蒙古语 CI+N 音译汉字

蒙古语	音译汉字	中原音韵	拟音	声调	拟定音值
bin	賓	真文	piən	平阴	piən
nin	纫	真文	niən	平阳	niən
kin	勤	真文	k'iən	平阳	k'iən
min	民	真文	miən	平阳	miən
min	敏	真文	miən	上	miən

蒙古语	音译汉字	中原音韵	拟音	声调	拟定音值
min	閔	真文	miən	上	miən
lin	鄰	真文	liən	平阳	liən
čin	申	真文	ʃiən	平阴	ʃiən
tin	亭	庚青	tʻiəŋ	平阳	tʻiə□
čin	臣	真文	tʃʻiən	平阳	tʃʻiən
čin	陳	真文	tʃʻiən	平阳	tʃʻiən
čin	嗔	真文	tʃʻiən	平阴	tʃʻiən
jin	真	真文	tʃiən	平阴	tʃiən
yin	因	真文	iən	平阴	iən
yin	寅	真文	iən	平阳	iən
rin	舌鄰	真文	liən	平阳	riən

2.4.4 CO+N式的对应关系

拼写蒙古语CO+N语音结构类型的字有"中歡"、"桓"、"款"、"欒"、"團"、"川"、"轉"、"舌欒"8个字。属于《中原音韵》"桓欢韵"on小韵的有"中歡"、"桓"、"款"、"欒"、"團"、"舌欒"6个字。属于"先天韵"iuɛn小韵的有"川"和"轉"二字。

蒙古语CO+N语音结构类型与《中原音韵》韵母类型的对应关系如下:

上图所表示的内容为我们揭示了,蒙古语CO+N语音结构类型与《中原音韵》韵母类型有着CO+N↔"桓欢韵"↔on小韵、CI+N↔"先天韵"↔iuɛn小韵的两种对应关系。

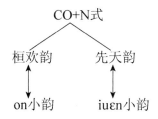

表 41   CO + N 式音译汉字

蒙古语	音译汉字	中原音韵	拟音	声调	拟定音值
qon	^中歡	桓欢	xon	平阴	qon
kon	款	桓欢	k'on	上	k'on
hon	桓	桓欢	xon	平阳	xon
lon	樂	桓欢	lon	平阳	lon
ton	團	桓欢	t'on	平阳	t'on
čon	川	先天	tʃ'iuɛn	平阴	tʃ'iuɛn
čon	轉	先天	tʃiuɛn	去	tʃiuɛn
ron	^舌樂	桓欢	lon	平阳	ron

2.4.5 CU +N 式的对应关系

拼写蒙古语 CU + N 语音结构类型的音译汉字有"温"、"穩"、"嫩"、"奔"、"^中昆"、"^中渾"、"^中温"、"坤"、"昆"、"門"、"侖"、"孙"、"屯"、"敦"、"純"、"諄"、"云"、"^舌侖"18 个字。其中，属于《中原音韵》"真文韵"uən 小韵母的有"温"、"穩"、"嫩"、"奔"、"^中昆"、"^中渾"、"^中温"、"坤"、"昆"、"門"、"孙"、"屯"、"敦"13 个字，属于 iuən 小韵的有"諄"、"純"、"云"三字。没有纳入到《中原音韵》的字有"^舌侖"和"侖"字。

"侖"字在《译语》中拼写蒙古语 lun 语音结构类型。例如，

"你秃侖"（nitulun 断绝）"必秃兀侖"（bituʼulun 徇着）等。各韵书收录情况如下：

表 42 　　　　　　　　　　　　"侖"

音译汉字	分类	中原音韵	耳目资	正韵	广韵
侖	韵类/表记		lun，勒存	8 眞，盧昆	18 諄，力迻
	声调		浊平	平	平
	拟音		lun	luən	lĭuěn

"侖"字《广韵》中属于上平声十八諄韵，"力迻切"，来母、合口、三等韵，拟定音值为 lĭuěn。在《正韵》中属于平声上八眞韵，"盧昆切"，我们拟为 luən 音。在《耳目资》中属于第二十七摄 un 浊平声，"勒存切"，罗马字拼音为 lun。

"侖"字在《中原音韵》没有被收录。"侖"字的中古音同音字"論"字在《中原音韵》中属于"真文韵"平声阳，杨耐思拟定音值为 luən。因此，我们可以拟定"侖"字在《译语》中的音值为 luən[2]。

总结上述分析，我们可以归纳出蒙古语 CU + N 语音结构类型与《中原音韵》韵母类型的对应关系如下：

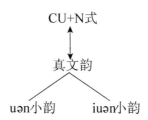

CU+N式

↕

真文韵

uən小韵　　　iuən小韵

上图所表示的内容为我们揭示了，蒙古语 CU + N 语音结构类型与《中原音韵》韵母类型有着 CU + N↔"真文韵"↔ uən 小韵与 iuən 小韵的两种对应关系。

表 43   **蒙古语 CU + N 式音译汉字**

蒙古语	音译汉字	中原音韵	拟音	声调	拟定音值
un	温	真文	uən	平阴	uən
un	穩	真文	uən	上	uən
bun	奔	真文	puən	平阴	puən
			puən	去	
nun	嫩	真文	nən	去	nuən
qun	^中昆	真文	kuən	平阴	quən
qun	^中渾	真文	xuən	平阳	quən
qun	^中温	真文	uən	平阴	quən
kun	坤	真文	k'uən	平阴	k'uən
gun	昆	真文	kuən	平阳	kuən
mun	門	真文	muən	平阳	muən
lun	侖				luən
sun	孫	真文	suən	平阴	suən
tun	屯	真文	t'uən	平阳	t'uən
dun	敦	真文	tuən	平阴	tuən
čun	純	真文	tʃ'iuən	平阳	tʃ'iuən
jun	諄	真文	tʃiuən	平阴	tʃiuən
yun	云	真文	iuən	平阳	iuən
run	^舌侖				ruən

2.5 CV + M 式的对应关系

在此，我们把拼写蒙古语 CV + M 语音结构类型的音译汉字，根据其主要元音的性质，分为 CA + M 式、CE + M 式、CI + M 式、CU + M 式等 4 个小组，进行详尽分析，进而揭示出它们与《中原音韵》韵母类型之间所拥有的对应现象以及对应规律。

2.5.1 CA + M 式的对应关系

拼写蒙古语 CA + M 语音结构类型的音译汉字有"唵"、"ᄆ含"、"坎"、"甘"、"藍"、"三"、"毯"、"談"、"耽"、"站"、"黯"、"ᄼ藍" 12 个字。全部属于《中原音韵》"监咸韵"。"监咸"韵有 am 小韵、iam 小韵、iεm 小韵等三种小韵。"唵"、"ᄆ含"、"坎"、"甘"、"藍"、"三"、"毯"、"談"、"耽"、"站"、"ᄼ藍" 11 个字属于 am 小韵，只有"黯"字属于 iam 小韵。显然，"黯"字的 i 介音表示蒙古语的辅音 y，因此，我们没有必要在对应现象的分析中讨论这个字的韵母。

蒙古语 CV + M 语音结构类型与《中原音韵》韵母类型的对应关系如下：

CA+M式

↕

监咸韵

↕

am小韵

很显然，上图的内容告诉我们，蒙古语 CA + M 语音结构类型与《中原音韵》"监咸韵" am 小韵拥有极其自然且有序的对应关系。

表44 　　　　　　　　　 **蒙古语 CA + M 式音译汉字**

蒙古语	音译汉字	中原音韵	拟音	声调	拟定音值
am	唵	监咸	am	平阴	am
qam	中含	监咸	xam	平阳	qam
kam	坎	监咸	k'am	上	k'am
gam	甘	监咸	kam	平阴	kam
lam	藍	监咸	lam	平阳	lam
sam	三	监咸	sam	平阴	sam
sam	毵	监咸	sam	平阴	sam
tam	談	监咸	t'am	平阳	t'am
dam	耽	监咸	tam	平阴	tam
jam	站	监咸	tʃam	去	tʃam
yam	黯	监咸	iam	上	iam
ram	舌藍	监咸	lam	平阳	ram

2.5.2　CE + M 式的对应关系

拼写蒙古语 CE + M 语音结构类型的字有"諳"与"點"二字。

"諳"字属于《中原音韵》"监咸韵"，"點"字属于"廉纤韵"。《中原音韵》"监咸韵"有 am、iam 两种小韵，"諳"字是 am 小韵的字。"廉纤韵"只有 iɛm 一种小韵，"點"字是 iɛm 小韵的字。

"諳"在《译语》拼写蒙古语 em 语音结构类型，例如，"諳"（em 药）1：13a4。各韵书收录情况如下：

表45   "點"

音译汉字	分类	中原音韵	耳目资	正韵	广韵
誮	韵类/表记	18 监咸	gan，额貪	21 覃，乌含	22 覃，乌含
	声调	平阴	清平	平下	下平
	拟音	am	gan	ʔam	ɒm

"誮"在《广韵》中属于下平声二十二覃韵，"乌含切"，影母、开口、一等韵，拟定音值为ɒm。在《正韵》中属于二十一覃韵，"乌含切"，我们拟为ʔam音。在《耳目资》中属于第九摄 an 清平声，"额貪切"，罗马字拼音为 gan。

"誮"字在《中原音韵》中属于"监咸韵"平声阴，杨耐思拟定音值为 am。因此，我们可以拟定"誮"字在《译语》中的音值为 am[1]。

"點"字在《译语》中拼写蒙古语 dem 语音连用结构类型。例如，"篾點"（medem 知）3：03a1。各韵书收录情况如下：

表46   "點"

音译汉字	分类	中原音韵	耳目资	正韵	广韵
點	韵类/表记	19 廉纤	tien，德眼	22 琰，多忝	51 忝，多忝
	声调	上	上	上	上
	拟音	tiɛm	tien	tiɛm	tiem

"點"字在《广韵》中属于上声五十一忝韵，"多忝切"，端母、开口、四等韵，拟定音值为 tiem。在《正韵》中属于上声二十二琰韵，反切与《广韵》相同，也是"多忝切"，我们拟为 tiɛm。在《耳目资》中属于第三十四摄 ien 上声，"德眼切"，罗马字拼音为 tien。

"點"字在《中原音韵》中属于"廉纤韵"上声，杨耐思拟定音值为 tiɛm。因此，我们可以拟定"點"字在《译语》中的音值为 tiɛm³。

根据上述具体分析，在这里我们可以归纳出蒙古语 CE + M 语音连用结构类型与《中原音韵》韵母类型的对应关系，如下图：

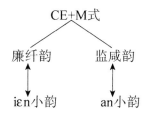

上图所表示的内容为我们揭示了，蒙古语 CE + M 语音结构类型与《中原音韵》韵母类型有着 CE + M ↔ "廉纤韵" ↔ iɛm 小韵、CE + M ↔ "监咸韵" ↔ am 小韵的两种对应关系。

表47　　　　　　　　　　蒙古语 CE + M 式音译汉字

蒙古语	音译汉字	中原音韵	杨拟音	声调	拟定音值
am	諳	监咸	am	平阴	am
dem	點	廉纤	tiɛm	上	tiɛm

2.5.3　CI + M 式的对应关系

拼写蒙古语 CI + M 语音结构类型的音译汉字有"您"、"琴"、"沉"、"⼝林"4 个字。"您"、"琴"、"沉""⼝林"等 4 字都属于《中原音韵》"侵寻韵"iəm 小韵。

蒙古语 CI + M 语音结构类型与《中原音韵》韵母类型的对应关系如下：

很显然，上图的内容告诉我们，蒙古语 CI + M 语音结构类型与

CI+M式

↕

侵寻韵

↕

iəm小韵

《中原音韵》"侵寻韵" iəm 小韵拥有极其自然且有序的对应关系。

表48　　　　　　　　　蒙古语 CI + M 式音译汉字

蒙古语	音译汉字	中原音韵	拟音	声调	拟定音值
nim	您	侵寻	niəm	平阴	niəm
kim	琴	侵寻	kʻiəm	平阳	kʻiəm
čim	沉	侵寻	tʃʻiəm	平阳	tʃʻiəm
rim	ᵗⁱⁿ林	侵寻	liəm	平阳	riəm

2.5.4　CU + M 式的对应关系

拼写蒙古语 CU + M 语音结构类型的音译汉字只有"遵"一个字。"遵"在《译语》中拼写蒙古语 ʒum 语音结构类型。例如，"兀遵"（üʒüm 葡萄）1：04a4。"遵"字在各类韵书中的收录情况如下：

表49　　　　　　　　　　　　　"遵"

音译汉字	分类	中原音韵	耳目资	正韵	广韵
遵	韵母类型/表记	7 真文	çun, 则村	8 眞, 租昆	18 諄, 将倫
	声调	平阴	清平	平上	上平
	拟音	tsiuɐn	çun		tsǐuěn

"遵"字在《广韵》中属于上平声十八諄韵，"将伦切"，精母、合口、三等韵，拟定音值为 tsǐuěn。在《正韵》中属于平声上八眞韵，"租昆切"，我们拟为 tsǐuěn 音。在《耳目资》中属于第二十七摄 un 清平声，"则村切"，罗马字拼音为 çun。"遵"字在《中原音韵》中属于"真文韵"平声阴，拟定音值为 tsiuɛn。因此，我们可以拟定"遵"字在《译语》中的音值为 tsiuɛn[1]。

根据上述具体分析，在这里我们可以归纳出蒙古语 CU + M 语音结构类型与《中原音韵》韵母类型的对应关系，如下图：

很显然，上图的内容告诉我们，蒙古语 CU + M 语音结构类型与《中原音韵》"真文韵"iuɛn 小韵拥有极其自然的对应关系。

表 50 蒙古语 CU + M 式音译汉字

蒙古语	音译汉字	中原音韵	拟音	声调	拟定音值
ʒum	遵	真文	tsiuɛn	平阴	tsiuɛn

2.6 CV + NG 式的对应关系

在这节中，我们把拼写蒙古语 CV + NG 语音结构类型的音译汉字，根据其主要元音的性质，分为 CA + NG 式、CE + NG 式、CI + NG 式、CO + NG 式、CU + NG 式 5 个小组，进行详尽的分析，进而揭示出它们与《中原音韵》韵母类型之间所拥有的对应现象以及对应规律。

2.6.1　CA + NG 式的对应关系

拼写蒙古语 CA + NG 语音结构类型的音译汉字共有"昂"、"曩"、"忙"、"莽"、"郎"、"赏"、"当"、"常"、"掌"、"^舌郎"10 个字，全部属于《中原音韵》"江阳韵"的 aŋ 小韵。

蒙古语 CA + NG 语音结构类型与《中原音韵》韵母类型的对应关系如下：

CA+NG式

江阳韵

aŋ小韵

很显然，上图的内容告诉我们，蒙古语 CA + NG 语音结构类型与《中原音韵》"江阳韵"aŋ 小韵拥有极其自然的对应关系。

表 51　　　　　　　　　蒙古语 CA + NG 式音译汉字

蒙古语	音译汉字	中原音韵	拟音	声调	拟定音值
ang	昂	江阳	ŋaŋ	平阳	aŋ
nang	曩	江阳	naŋ	平阳	naŋ
mang	忙	江阳	maŋ	平阳	maŋ
mang	莽	江阳	maŋ	上	maŋ

蒙古语	音译汉字	中原音韵	拟音	声调	拟定音值
lang	郎	江阳	laŋ	平阳	laŋ
sang	赏	江阳	ʃaŋ	上	ʃaŋ
dang	当	江阳	taŋ	平阴	taŋ
čang	常	江阳	tʃʻaŋ	平阳	tʃʻaŋ
jang	掌	江阳	tʃaŋ	上	tʃaŋ
rang	ᵗ郎	江阳	laŋ	平阳	raŋ

2.6.2 CE+NG 式的对应关系

拼写蒙古语 CE+NG 语音结构类型的音译汉字共有"能"、"慷"、"猛"、"腾"、"央"、"ᵗ良"6 个字。其中、"能"、"腾"二字属于《中原音韵》"庚青韵"。"庚青韵"有 əŋ、iəŋ、uəŋ、iuəŋ 四种小韵。"能"、"腾"二字都是 əŋ 小韵的字。"央"与"ᵗ良"二字属于"江阳韵"。"江阳韵"有 aŋ、iaŋ、uaŋ 三种小韵。"央"与"ᵗ良"二字都 iaŋ 小韵的字。"猛"字属于"东钟韵"。"东钟韵"有 uŋ 与 iuŋ 两种小韵。"猛"字是 uŋ 小韵的字。"慷"字没有被《中原音韵》所收录。

"慷"字在《译语》中拼写蒙古语 keng 语音属于连用结构类型。例如,"慷格儿格"(kenggerge 小鼓)1:10a3。各韵书收录情况如下:

表 52   "慷"

音译汉字	分类	中原音韵	耳目资	正韵	广韵
慷	韵母类型/表记		kʻam,克方		37 蕩,苦朗
	声调		清平		上
	再构音		kʻaŋ		kʻiaŋ

"慷"字在《广韵》中属于上声三十七荡韵,"苦朗切",溪母、开口、一等韵 k'iɑŋ。在《耳目资》中属于第八摄 am 上声,"克紡切",罗马字拼音为 k'am。

"慷"字在《中原音韵》中没有收录。声调不同的中古同韵字"康"字属于"江阳韵"平声阴,杨耐思拟定音值为 k'aŋ。因此,我们可以根据"康"字的读音拟定"慷"字在《译语》中的音值为 k'aŋ[1]。

蒙古语 CE + NG 语音结构类型与《中原音韵》韵母类型的对应关系如下:

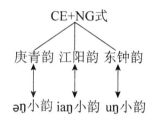

上图的内容告诉我们,蒙古语 CE + NG 式语音结构类型与《中原音韵》韵母类型有着 CE + NG 式↔庚青韵↔əŋ 小韵、CE + NG 式↔"江阳韵"↔aŋ 小韵、CE + NG 式↔东钟韵↔uŋ 小韵的三种对应关系。

表 53　　　　　　　　　　蒙古语 CE + NG 式音译汉字

蒙古语	音译汉字	中原音韵	拟音	声调	拟定音值
neng	能	庚青	nəŋ	平阳	nəŋ
keng	慷				k'aŋ
meng	猛	东钟	muŋ	上	muŋ
teng	腾	庚青	t'əŋ	平阳	t'əŋ
deng	央	江阳	iaŋ	平阴	iaŋ
reng	舌良	江阳	liaŋ	平阳	riaŋ

2.6.3 CI+NG 式的对应关系

拼写蒙古语 CI + NG 语音结构类型的音译汉字共有"影"、"京"、"零"、"升"、"呈"、"郢"6 个字。这 6 个字全部属于"庚青韵"。"庚青韵"有 əŋ、iəŋ、uəŋ、iuəŋ 四种小韵。这 6 个字都是 iəŋ 小韵的字。

蒙古语 CI + NG 语音结构类型与《中原音韵》韵母类型的对应关系如下：

CI+NG式

庚青韵

iəŋ小韵

很显然，上图的内容告诉我们，蒙古语 CI + NG 语音结构类型与《中原音韵》"庚青韵" iəŋ 小韵拥有极其自然的对应关系。

表 54   **CI + NG 式音译汉字**

蒙古语	音译汉字	中原音韵	杨拟音	声调	拟定音值
ing	影	庚青	iəŋ	上	iəŋ
king	轻	庚青	kʻiəŋ	平阴	kʻiəŋ
ginq	京	庚青	kiəŋ	平阴	kiəŋ
ling	零	庚青	liəŋ	平阳	liəŋ
šing	升	庚青	ʃiəŋ	平阴	ʃiəŋ
ding	丁	庚青	tiəŋ	平阴	tiəŋ
čing	呈	庚青	tʃʻiəŋ	平阴	tʃʻiəŋ
ying	郢	庚青	iəŋ	上	iəŋ

2.6.4　CO+NG 式的对应关系

拼写蒙古语 CO + NG 语音结构类型的音译汉字有"王"、"汪"、"^中匡"、"匡"、"勇"5 个字。其中，"王"、"汪"、"^中匡"、"匡"四字属于《中原音韵》"江阳韵"。"江阳韵"有 aŋ、iaŋ、uaŋ 三种小韵，属于"江阳韵"的 4 个字都是 uaŋ 小韵的字。"勇"字属于《中原音韵》"东钟韵"。"东钟"有 uŋ 与 iuŋ 两种小韵。"勇"字是 uŋ 小韵的字。

蒙古语 CO + NG 语音结构类型与《中原音韵》韵母类型的对应关系如下：

上图的内容告诉我们，蒙古语 CO + NG 语音结构类型与《中原音韵》"江阳韵" uəŋ 小韵拥有极其自然的对应关系。

表 55　　　　　　　　　**蒙古语 CO + NG 音译汉字**

蒙古语	音译汉字	中原音韵	拟音	声调	拟定音值
ong	王	江阳	uaŋ	平阴	uaŋ
ong	汪	江阳	uaŋ	平阴	uaŋ
qong	^中匡	江阳	kʻuaŋ	平阴	quaŋ
kong	匡	江阳	kʻuaŋ	平阴	kʻuaŋ
yong	勇	东钟	iuŋ	上	iuŋ

2.6.5 CU+NG 式的对应

拼写蒙古语 CU + NG 语音结构类型的音译汉字共有"翁"、"蒙"、"籠"、"统"、"東"、"董" 6 个字。这 6 个字全部属于《中原音韵》、"东钟韵"的 uŋ 小韵。

蒙古语 CU + NG 语音结构类型与《中原音韵》韵母类型的对应关系如下：

上图的内容告诉我们，蒙古语 CU + NG 语音结构类型与《中原音韵》"东钟韵" uŋ 小韵拥有极其自然且有序的对应关系。

表 56   **蒙古语 CU + NG 式音译汉字**

蒙古语	音译汉字	中原音韵	拟音	声调	拟定音值
ung	翁	东钟	uŋ	平阴	uŋ
mung	蒙	东钟	muŋ	平阳	muŋ
lung	籠	东钟	luŋ	平阴	luŋ
tung	统	东钟	t'uŋ	上	t'uŋ
dung	東	东钟	tuŋ	平阴	tuŋ
dung	董	东钟	tuŋ	上	tuŋ

2.7 小结

我们在前面对《译语》音译汉字所拼写的蒙古语语音结构类型与《中原音韵》韵母类型的对应现象进行了较为系统的分析与论述。同时，还对《译语》个别音译汉字做了具体的拟音分析以及《译语》拼写方式的探讨。通过这些具体分析，我们可以归纳出《译语》音译汉字所拼写的蒙古语语音结构类型与《中原音韵》韵母类型的对应现象的规律。我们把这个结果用表格形式来做一归纳，见表58：

表 57   音译汉字对应关系表

蒙古语	《中原音韵》韵母类型	韵母种类
C + A 式	家麻韵	a
C + E 式	车遮韵	iɛ
C + I 式	齐微韵	i
C + O/Ö 式	歌戈韵	o
		uo
	萧豪韵	au
	车遮韵	iuɛ
C + U/Ü 式	鱼模韵	u
		iu
	尤侯韵	iəu
C + AI 式	皆来韵	ai
C + EI 式	齐微韵	ei
C + OI 式	皆来韵	uai
C + UI 式	齐微韵	uei
C + AU 式	萧豪韵	au

蒙古语	《中原音韵》韵母类型	韵母种类
C + EÜ 式	萧豪韵	iɛu
	尤侯韵	əu
C + IU 式	尤侯韵	iəu
CA + N 式	寒山韵	an
CE + N 式	先天韵	iɛn
CI + N 式	真文韵	iən
CO + N 式	桓欢韵	on
	先天韵	iuɛn
CU + N 式	真文韵	uən
		iuɛn
CA + M 式	监咸韵	am
CE + M 式	廉纤韵	iɛm
	监咸韵	am
CI + M 式	侵寻韵	iəm
CU + M 式	真文韵	uən
CA + NG 式	江阳韵	aŋ
CE + NG 式	庚青韵	əŋ
	江阳韵	iaŋ
CI + NG 式	庚青韵	iəŋ
CO + NG 式	江阳韵	uaŋ
CU + NG 式	东钟韵	uŋ
		iuŋ

综上所述,《译语》、《秘史》的音译汉字与《中原音韵》韵母类型拥有极其整齐且有规律的对应关系。这说明,《译语》与《秘史》音译汉字的基础音系与《中原音韵》的基础音系极为类似,似乎属于是同一种方言音体系。我们认为,《译语》与《秘史》的音译汉字的基础音系与《中原音韵》一样,基本上属于北方官话音系结构。

第三章 《译语》音译汉字的基础音系分析研究

至今为止，学术界对《译语》音译汉字基础音系的分析研究成果不算太多。在本书的第一章里，我们已经概述过相关研究的基本情况，在此不做重复。

《译语》与《秘史》在音译汉字的使用方面有着极其类似的特征。从字数方面来看，《秘史》使用了 570 余个字，《译语》使用了 380 余个字。《秘史》比《译语》多用的近 200 个字，主要是因为《秘史》使用了一些具有表意特征的汉字。例如，《译语》在拼写蒙古语 mu 语音结构类型时，主要用"木"字，然而，《秘史》除了"木"以外还用"沐"字。在《秘史》里，"沐"主要拼写与"水"有关联的蒙古语词语。在表示蒙古语词义方面，《秘史》则有着严谨的拼写方式，使用了部分能够体现词义的汉字。因此，《秘史》在音译汉字的数量方面，比《译语》呈现出较多的现象。然而，在音译汉字的拼写规则及基础音系方面，《秘史》与《译语》几乎不存在本质上的区别。

我们认为，《译语》音译汉字基础音系的研究与《秘史》音译汉字基础音系的研究有着密不可分的关系。无论研究《译语》音译汉字还是《秘史》音译汉字的基础音系，我们总要把这两本文献资料结合在一起，对音译汉字进行分析与探讨。换句话说，某种程度上《秘史》音译汉字基础音系的研究，也是《译语》音译汉字基础音系研究的重要组成部分。

基于上述原因，我们把《秘史》音译汉字基础音系的研究成果以及研究中所存在的问题，也可视为《译语》音译汉字相关研究的成果与问题来看待。也就是说，我们可以把服部四郎对《秘史》音译汉字基础音系的研究作为《译语》音译汉字基础音系的研究成果，对其中所存在的相关问题进行学术讨论。

相关学术界专家学者，对《秘史》与《译语》音译汉字基础音系的所属问题，基本上持有以下两种观点：

（1）北方官话学说：服部1946，更科2007，布日古德2007、2009。

（2）南京音学说：中村2007b《KOTONOHA》第53号，第54号。

上述两种学说里，既有一致的方面，也有对立的方面。其一致之处在于两种学说都属于官话方言语音范畴。而对立之处就在于次方言所属区域的不同。两种学说所指出的方言音，虽属于同一个大方言范畴，但具体的方言区域是完全不同的。

对于音译汉字基础音系的所属，两种学说采用了完全不同的辨别方法进行了理论分析。以下，我们针对这两种辨别音译汉字基础音系的方法进行详细的分析与讨论，进而提出，我们认为最为有效的、科学的、有说服力的辨别音译汉字基础音系的根本方法与研究思路。

3.1 音译汉字基础音系的辨别方法

3.1.1 "北方官话音学说"中存在的问题——关于《秘史》音译汉字的基础方言，服部（1946：79）指出："元朝秘史蒙古语的音译基础最有可能是北京话或南京话。"服部辨别音系的基准是"浊音声母的使用方法"。他仔细考证了 35 个平声浊音声母字（如："途"、"图"、"谈"、"壇"、"阗"、"田"、"团"、"敦"、"屯"、"唐"、"堂"、"腾"、"潼"、"池"、"除"、"潮"、"沉"、"尘"、"缠"、"躔"、"陈"、"长"、"归"、"琴"、"虔"、"勤"、"潺"、"孱"、"垂"、"禅"、"臣"、"纯"、"丞"、"成"、"诚"），2 个上声字（如："给"、"盾"），1 个去声字（如："赵"）和 8 个入声字（如："达"、"哑"、"垤"、"迭"、"绖"、"跌"、"迪"、"突"）共计 46 个字。他指出："浊音字在蒙古语中大体可以分为两种，一种是拼写蒙古语有声或者是半有声语音，另一种是拼写无声带气音的两种语音。这说明，音译汉字的基础音系很有可能属于浊音声母已经消失的北方音系。"

作为辨别基础音系的方法，这种浊音声母辨别法的确是一种比较有效的方法。从更广的范围来看，这种方法也是一种有效识别南方音系和北方音系的方法。该方法把持有浊音声母的音译汉字的拼写方式作为标准，有效地辨别了"存浊方言"（在方言语音中，浊音声母还作为独立的声母区别于其他声母的方言音）和"失浊方言"（浊音声母已消失，与清音声母融合的方言音）。但是，严格来说这种"浊音声母辨别法"却不能够有效区分音译汉字基础音系是属于北京音还是南京音的问题。其原因是，至今为止，还没有确凿的论据能够证明当时的南京音里肯定存在浊音声母的结论。

对于北京音和南京音的区别，日本学者满田新造曾进行过详细的论述。他在《中国音韵史论考》（1964：171）中指出："从今天的语音特征来看，北京音和南京音区别不是很大，无论用哪个作为解释韵书语音体系的标准，最终结果都不会有实质性的差异。"另外，他还从论述南京音的优点和缺点的角度，指出两者之间存在的差异。

对于南京音的优点满田新造列举了 7 个方面，在此我们归纳其内容如下：

（1）保留了入声；

（2）保留了元音 i 音和 ü 音前面的 ts 辅音；

（3）保留了元音 i 音和 ü 音前面的 s 辅音；

（4）保留了 iai 韵母；

（5）保留了 üen 音；

（6）ui 韵母在 k、l、n 声母后面时 ui 古音的韵母性质比北京音更加明确化；

（7）un、ung 韵母在 w 声母后面时保留了 un，ung 的古音特征。

同时，满田新造对于南京音的缺点也列举了以下两点：

（1）没有区别韵尾 ng 和 n 音；

（2）辅音 n 作为声母时变为辅音 l。

我们认为,满田新造把方言的语音特征归纳为优点和缺点的作法不是很恰当,但是,他归纳的南京音的优点和缺点,恰恰是南京音与北京音的不同点之所在。从这点来说,他的观点有一定参考价值。在满田新造的归纳里,我们找不到南京音与北京音在浊音声母方面是否有不同之处的结论。

元末明初的韵书里,有关浊音声母的形态,基本有两种不同类型的韵书。一类是体现浊音声母已经消失的韵书类。例如,以《中原音韵》为代表的相关韵书。另一类是体现浊音声母存在的韵书类。例如,《蒙古字韵》、《古今韵会举要》(下面简称《举要》)、《正韵》等韵书。日本学者花登正宏在《古今韵会举要研究》一书中指出:

> "前者(《中原音韵》)为北方音系,后者(《举要》等)为南方音系,在近代音中,《中原音韵》音系和《举要》音系这两种雅音是并存的。"[1] 他的观点是,以《中原音韵》为代表的北方音系中浊音声母已经消失,以《举要》为代表的南方音系中浊音声母依然存在,这两个音系都是在当时共同存在的雅音音系。

与此相反,日本学者佐佐木猛在《读〈古今韵会举要〉》(2003)一文中指出,《举要》的韵母体系与以《中原音韵》为代表的元代北方话非常相近,平声浊音字事实上已经分裂。同时他还指出,《举要》中浊音声母的存在很可能是传统韵书影响所致。他还列

---

①参阅花登 1997,p.237。

举了《蒙古字韵》中，拼写浊音声母所使用的八思巴文字符号，指出："八思巴浊音字母的字形非常不自然，有故意造作的感觉。"

另外，明末韵书《耳目资》所体现的音系，现在在学术界普遍认为是明末的南京官话。从《耳目资》的字音收录情况来看，浊音声母已经全部消失，与清音、次清音声母相融合为一体。这足以说明，在明末的南京音[①]里，浊音声母已经消失这一事实。

从上述有关浊音声母的种种论述来看，对于元末明初南京音里是否有浊音声母存在的问题，学术界依然没有定论。我们认为，以浊音声母字的用法来辨别《译语》及《秘史》音译汉字的基础音系，显然是不够精确、不够全面。

3.1.2　"南京音学说"中存在的问题——主张《译语》与《秘史》音译汉字的基础音系为南京音学说的代表是中村雅之。他在《〈华夷译语〉（甲种）音译汉字的基础方言》（2007b）中运用了"果摄一等字辨别法"来辨别音译汉字，并得出《译语》音译汉字的基础音系是南京音的结论。他还在《近代语音资料中果摄一等字用法》（2006a与2006b）中指出："果摄开口字的韵母拼写的是圆唇音还是展唇音，这是判定是南京音还是北方音的最为可靠的标准。"他认为，果摄一等字如果拼写圆唇音，则是南京音系，如果是拼写展唇音，则是北方音系。他还指出：

---

①对明朝的南京官话进行论述时，传教士的记述经常被采纳。在传教士留存的资料中，"南京"这个概念有两种。广义来说，是指明朝的南直隶省的全部，以及狭义上的专指应天府的南京市。当时传教士的著作中，也有时专指南京市这个城市，但大多数场合是指广义上的直隶省。明朝的南直隶省则是现在的江苏、安徽两省所相当的地域。在本稿中所指的南京音，是指广义上的南京直隶地域的方言音系。关于"南京"这个概念，在古屋昭弘（2005）中有详细记载。

果摄一等的"哥"、"可"两字在《至元译语》等元代的对音资料中，用于拼写蒙古语的 ge 与 ke 音，而在明初的《华夷译语》(甲种本)中，用于拼写 gö 与 kö 音。这说明两者在汉字音译方面使用的基础方言是有差别的。参照其他音韵资料来看，果摄一等开口的韵母在北方音系中是展唇音 ɤ，而在南京音系中是圆唇音 o。元代的音译主要是根据北京（＝大都）音系，明初的音译主要是根据南京音系。因此可以得出，《秘史》与《译语》音译汉字的基础音系是南京音系的结论。

笔者认为，中村雅之的观点中存在如下几个值得推敲的问题。

（1）他所提出的"果摄开口字拼写是蒙古语的圆唇音还是展唇音"的辨别方言音系的标准，对于辨别蒙古语和汉语对音资料的音译汉字基础音系并不一定有效。因为，我们考证分析了相关对音资料发现，在同一个对音资料中，用"哥"和"可"这样的果摄一等字，有拼写蒙古语圆唇音的例子，也有拼写蒙古语展唇音的例子。我们查证了《至元译语》中的用法，结果是，果摄开口一等字"哥"和"可"并不全是拼写蒙古语 ge 与 ke 音的，除了 ge 与 ke 音之外，还有很多拼写蒙古语 gö 与 kö 音的实例。例如，"哥罗干"（gölögen）小狗、"可可"（köke 青）等词条里，"哥"和"可"所拼写的都是蒙古语圆唇音。除此之外还有果摄开口一等字的"多"字拼写蒙古语"忽多"（hudo 星）、"那"字拼写"那延"（noyan 官人）等例子，这些果摄开口一等字也是用于拼写蒙古语的 do 与 no 等圆唇音的音译汉字。很显然，《至元译语》中使用的果摄开口一等"哥"、"可"、"多"、"那"等字，在元代对音资料当中，用于拼写蒙古语圆唇音 gö、kö、do、no 等语音结构类型。因此，我们质疑中村雅之是否对《至元译语》音译汉字的用法做了全面而细致的考证。

（2）在研究《秘史》、《译语》的基础音系时，只凭果摄开口一等字的用法，来判定整个资料的基础音系，是非常不全面的。《秘史》中使用的570余个字中，果摄开口一等字只有"阿"、"那"、"可"、"河"、"诃"、"哥"、"歌"、"拖"、"多"、"罗"、"ᵗ罗"11个字，不满音译汉字总数的3%。而且，这11个字也并不全是拼写蒙古语的圆唇音。如，"阿"在《译语》和《秘史》中拼写蒙古语 a 音。例如，"阿兀剌"（a'ula）山，蒙古语的 a 音是展唇元音。

（3）上述果摄开口一等11个字，在《中原音韵》中属于"歌戈韵"。如果按照中村雅之的标准来看，《中原音韵》也应是代表南京音系的韵书，这样的主张显然不够科学。按照《译语》音译汉字基础音系的南京音学说，《译语》和《秘史》里的音译汉字将会产生很多无法解释的对应现象以及拼写方式。

总之，"浊音声母辨别法"和"果摄开口一等字辨别法"都不能作为辨别《秘史》与《音译》音译汉字基础音系的根本手段。音译汉字基础音系的辨别，还需从多方面的理论视角，进行深层次的分析与探讨，从而确定辨别音译汉字基础音系研究的最为有效的理论方法。

3.1.3 本书音译汉字基础音系辨别方法——南京音和北方音最大的差别不是在于浊音声母或是果摄开口一等字的用法上，而是在于入声字入声韵尾的形式上。正如大家所熟知，上古、中古汉语里有入声，然而现代汉语大部分方言里已经没有入声了。关于现代汉语入声韵尾的消失时间，学术界还没有统一的定论。但是，在近代音韵学资料里却有一些记载。记载称在元、明时期，入声的变化是最为显著的①。关于近代音入声的变化，藤堂明保在《从官话的成立过程看〈西儒耳目资〉》（1952：111）中指出："从古官话以来，入声的弱化现象在音缀构造上可以分为两种。即（1）韵尾的 –p/ –t/ –k 变为 –i/ –u 或者完全消失，变为与平、上、去三声完全一样的语音形式。（2）入声韵尾变为闭塞音〔ʔ〕②，后来变为促音一直流传下来。"同时他还指出：第（1）种方言，梗摄一、二等的入声韵尾 –k 变为 –i，宕摄入声韵尾 –k 变为 –u，第（1）种是俗语语音，第（2）种是书面语语音。在现代官话方言中的南京音系里，入声韵尾作为闭塞音仍然存在，并属于第（2）种方言音系。另一方面，北京方言就属于第（1）种方言音系。

藤堂明保用入声字的韵尾变化，有效地确定了南京音与北京音的区别所在。我们认为，辨别《译语》及《秘史》音译汉字基础音系的最有效的方法就是入声字在《译语》及《秘史》中的使用方法。也就是说我们可以根据音译汉字里的古入声字所拼写的蒙古语语音结构类型特征，分析辨别音译汉字的基础音系。特别是，对于中古宕、江、梗、曾、通五摄的入声字，需要进行详细的分析与实例运用方面的考证。

在上面我们提到，入声字韵尾在近现代方言里有两种形式。但并不是所有的入声字都有这样的声门闭塞音韵尾或 –i/ –u 韵尾。具有 –i/ –u 韵尾的入声字只限于中古宕、江、梗、曾、通等五摄

---

① 陈重瑜 1992 中指出，上古音和中古音阶段，已经可以看到入声叙声化的痕迹，特别是，入声字拥有去声又有时会入声叙声化。

② 藤堂氏在论文中，声门闭塞音用〔·〕表记，所本书中统一用〔ʔ〕表记。

的入声字。《秘史》里使用的上述五摄的字共有 45 个。这其中，通摄入声字并不能作为辨别音译汉字基础音系的标准。其理由如下：

《译语》及《秘史》里使用的中古通摄入声字有"卜"、"木"、"沐"、"禄"、"骤"、"速"、"竹"、"舌禄" 8 个。毫无疑问，这些中古通摄入声字，几乎都用于拼写蒙古语 C＋U/Ü 式结构类型的语音，无法判断这些入声字是否拥有某种韵尾形式。"竹"字在《中原音韵》里有"鱼模韵"和"尤侯韵"两种语音。藤堂明保指出："第（1）种方言里中古屋烛韵，iok 中的韵尾 –k 变为 –u，由此iok 变为 –iou。"归纳其内容，如下图：

$$-k \Rightarrow -u \blacktriangleright iok \Rightarrow -iou$$

我们根据上图的变化规律，可以说"竹"在《中原音韵》"尤侯韵"的读音是北方白话音的产物。

《译语》和《秘史》中，"鱼模韵"和"尤侯韵"的字都用于拼写蒙古语的 C＋U/Ü 语音结构类型。所以通摄入声字不适于辨别《译语》与《秘史》音译汉字的基础音系。

可以用来判定《译语》音译汉字基础音系的入声字只有宕摄、江摄以及梗摄、曾摄的一、二等入声字。

如果入声韵尾的 k 变为 –i/ –u 韵尾音系，这种 –i/ –u 韵尾在蒙古语中应该会有某种语音形式的相对表现。具体地说，这样的入声韵尾具有拼写蒙古语二合元音的语音条件，很有可能会被用于拼写蒙古语二合元音上。正因为如此，《译语》及《秘史》音译汉字中的中古宕摄、江摄、梗摄、曾摄的一、二等入声字的韵母，是否拼写蒙古语的二合元音，是辨别基础音系的重要条件之一。梗摄入声字的白话音形式是主要元音 + i 韵尾，可以用来拼写蒙古语的二合元音 C + AI／EI／OI／UI 语音结构类型。梗摄入声字文言音的形式是主要元音或者是主元音 + ? 的形式，不能拼写蒙古语二合元音。

在《译语》及《秘史》中，拼写蒙古语的二合元音的形式有两种。一种是用一个音译汉字进行拼写的形式。例如，"槐"（hoi 林）1：01b7 中，"槐"一个字拼写蒙古语的 hoi 二合元音。另一种是用两个音译汉字拼写的形式。例如，"愛亦^舌剌_黑"（ayyiraq 馳妳）1：13a2 中的"愛亦"两个字拼写蒙古语的 ai 二合元音。使用一个音译汉字进行拼写蒙古语二合元音时，该音译汉字的韵母必须包含有蒙古语二合元音的语音要素，就是说，该音译汉字的韵母需具备 − i／− u 韵尾。例如，要拼写蒙古语的二合元音 nai，一般用"乃"字。因为"乃"字的韵母是 ai，有 − i 韵尾，有条件拼写蒙古语的 nai。

用两个音译汉字来拼写蒙古语二合元音时，多数情况下是用一个能够表示蒙古语二合元音的音译汉字和"亦"或者"兀"字相结合的形式来拼写。但是，这不意味拼写蒙古语的二合元音的音译汉字是用来拼写蒙古语单元音的字。例如，上述"愛亦^舌剌_黑"一词中的"愛亦"二字结合起来拼写蒙古语的二合元音 ai。我们不能说这里的"愛"字拼写蒙古语单元音 a。再如，"牙兀伯亦温_勒^中浑"拼写蒙古语 ya'u baiyi'ulqu（怎教停住）一词，这里的"伯亦"两个字就是用来拼写蒙古语的 bai、"阿伯"拼写蒙古语 abai〈有来〉一词，这里的一个"伯"字就拼写了蒙古语的 bai，这样的例子还有很多。总之，用两个字来拼写蒙古语二合元音的字不只是旧入声字，蟹摄上声字的"乃"和"乃亦"这两种形式都可以拼写蒙古语的 nai。因此，在用两个音译汉字来拼写蒙古语的二合元音的例子中，前面的字并不是表示蒙古语单元音的字，而是表示蒙古语二合元音音素的音译汉字。

另外，入声字虽然包含蒙古语二合元音的要素，在《译语》及《秘史》中用于拼写二合元音，但却不限于只拼写蒙古语的二合元音。尤其是，我们可以推定宕摄入声字的白话音拥有［－u］韵尾，就认为宕摄入声字拼写蒙古语的 au/eü 二合元音，这种推论是不恰当的。事实上，虽然宕摄入声字有 －u 韵尾，但在《译语》及《秘史》中，却拼写蒙古语的单元音 o/ö 的例子也很多。即使宕摄入声字的韵母中有 au/eu 音的要素，从语音条件方面来看，完全有条件拼写蒙古语的单元音 o/ö。在不同语言的对音资料中，用一种语言文字来拼写不同语言的语音时，只要语音基本条件相近，而且发音接近，便可以作为拼写符号被使用。就像本书的开始部分所叙述的，汉语和蒙古语有着不同的语音结构，用汉字来拼写蒙古语语音过程中，不免会牺牲一些语音特征来进行拼写。这种语音特征的牺牲包括一部分语音成分的丢失，也包括，一些语音音素成分的增加。在对音资料中，这种现象都是常见而且合情合理的现象，我们在分析这种对音资料的拼写符号时，应该充分考虑到这些现象的存在，从而进行全面透彻的分析与研究。

综上所述，本书将《译语》及《秘史》音译汉字中的宕、江摄、梗、曾摄一、二等入声字的用法作为最为有效的辨别基础音系的基准，结合资料中的具体实例来进行分析考证。

3.2 蒙古语 C＋O/Ö 式音译汉字拼写规则

《译语》中用来拼写蒙古语的 C＋O/Ö 语音结构类型的音译汉字

共有43个字。其中26个字收录在《中原音韵》的"歌戈韵"里，2个字收录在"萧豪韵"里，5个字收录在"车遮韵"里，1个字属于"皆来韵"，2个字属于"歌戈"与"萧豪"两韵，7个字没有被收录。(详情参阅本书2.2.4)

《译语》蒙古语的 C + O/Ö 语音结构类型用"歌戈""萧豪""车遮"三种不同韵母类型的字来进行拼写，显然对应现象较为复杂。

我们用表格形式表示《中原音韵》的"歌戈韵"，"萧豪韵"，"车遮韵"韵所包含的小韵种类和与此对应的音译汉字总数。如下表：

表58　　　　　　　　　C + O/Ö 式韵类与字数表

韵部	小韵种类	音译汉字数
12 歌戈	o	6
	io	2
	uo	20
11 萧豪	au	4
	iau	0
	iɛu	0
14 车遮	iɛ	0
	iuɛ	5

很明显"歌戈韵"的字占音译汉字总数的半数以上。尤其是 uo 韵母的字是最多的。从对应关系来看，虽然"歌戈韵"的音与蒙古语的 C + O/Ö 式语音结构类型最相近，但是拼写蒙古语č o/č ö、jo/jö 语音结构类型时，却不用"歌戈韵"的字，而用的是"萧豪韵"和"车遮韵"的字。为了探其原因，我们必须对相关音译汉字逐一进行分析，并结合《译语》中的具体实例来考证其拼写规则。

3.2.1"嗻"与"搠"字的用法

（1）"嗻"：是《中原音韵》十四"车遮"韵的字，在词头出现了3次。例如，"嗻延"（čö'en 少）1：22b3。主要拼写阴性词语。

（2）"搠"：这个字是在《中原音韵》和其他的音韵资料里没有记录的汉字。字形相似的"槊"收录在《广韵》的入声江摄里，《中原音韵》的"萧豪韵"里的入声作上声字里。从"搠"字的现代音和该字所拼写的蒙古语语音，还有字形类似的"槊"字的读音来看，"搠"字都很有可能是作为"萧豪韵"的字来用于拼写的。因此，可以推断这个字应属于"萧豪韵"。"搠"在《译语》中在词头只出现3次。例如，"搠斡児^中合"（čo'orqa 锁）1：11a8、"搠羅思"（čolos 缺每）2：20b1 等。这两个词都是蒙古语阳性词。还有一例是"^丁搠木^舌连"（čöl‑müren 河名）3：05a5。这个词语是蒙古语阴性词。同样的河名也出现在3：13a3，音译汉字是"^丁川"。因此，我们可以说"搠"在《译语》中主要拼写阳性词语。

表 59   "嗻"、"搠"二字出现频率表

čo/čö	韵母类型	出现次数	阳性词语	阴性词语
嗻	14 车遮	3	0	3
搠	拟定萧豪	3	2	1

从上述表格，我们可以清楚地看到"嗻"、"搠"二字，在《译语》中拼写蒙古语čo/čö音时，有着明确的拼写规则，就是"嗻"字用于拼写蒙古语阴性词，"搠"字用于拼写蒙古语阳性词。

3.2.2 "拙"、"勺"、"卓"、"着"字的用法

(1) "拙": 属于《中原音韵》"萧豪韵", 在词头出现了 4 次。例如, "拙卜" (jöb 是) 01：26a7、"拙额連" (jö'elen 软) 01：27b2、"拙延" (jö'en 冷) 01：03b2、"拙里兀" (jöri'ü) 斜 01：27a3 等。这四个词条全部都是阴性词语。

(2) "勺": 根据我们的推定, "勺"可以拟为《中原音韵》"萧豪韵"。在《译语》词头部位出现 48 次。例: "勺舌里黑" (joriq 志) 01：25：a7, 基本拼写阳性词语。在第二卷和第三卷也有 4 个拼写阴性词的例子。但是这四个例子中有 3 个是同一词语, 而且相对拼写阳性词的实例, 数量较少, 所以, 我们认为"勺"字拼写阴性词的情况属于例外现象, 或者可以说是《译语》音译汉字拼写规则不够彻底的表现。

(3) "卓": 属于《中原音韵》"萧豪韵"。在《译语》中只出现一次。例如, "卓斡思" (jo'os 钱) 01：13：b6。显然拼写了蒙古语阳性词。

(4) "着": 属于《中原音韵》"萧豪韵"。在《译语》中只出现一次。例如, "着必不舌里" (jöb büri 渐渐) 2：26a1。拼写了蒙古语阴性词。

表 60　　　　　　　　"拙"、"勺"、"卓"、"着" 4 字出现频率表

jo/jö	韵母类型	出现次数	阳性词语	阴性词语
拙	14 车遮	4	0	4
勺	11 萧豪	48	44	4
卓	11 萧豪	1	1	0
着	11 萧豪	1	0	1

从表61中我们可以清楚地看到"拙"、"勺"、"卓"、"着"四字,在《译语》中拼写蒙古语 jo/jö 语音结构类型时,也与 čo/čö 语音连用形式一样,有着明确的拼写规则,就是"拙"、"着"二字用于拼写蒙古语阴性词语,"勺"、"卓"二字用于拼写蒙古语阳性词语。

综合"啜"、"搠"、"拙"、"勺"、"卓"、"着"6 个字,在《译语》实际例子中的拼写规则来看,十一"萧豪韵"的字基本用于拼写蒙古语阳性词语,而十四"车遮"韵的字主要用于拼写蒙古语阴性词语。下面我们再考证一下其他属于"车遮"韵的拼写蒙古语 C + O/Ö 式语音结构类型的音译汉字在《译语》中的实际拼写情况。

3.2.3 "车遮"韵音译汉字的用法

《译语》中拼写蒙古语 C + O/Ö 式语音结构类型的音译汉字中属于《中原音韵》"车遮韵"的字共有 5 个字。这些字是"劣"、"^舌劣"、"雪"、"拙"、"啜"等字。

(1)"劣":在《译语》中,基本拼写阴性词语。例如,"阔劣孙"(kölösün 汗)1:24b5。而"羅"字拼写阳性词。例如,"朵羅安"(dolo'an 七)1:22a2。

(2)"^舌劣":在《译语》中,基本拼写阴性词语。例如,"脱^舌劣宜"(törö–yi 體例行)。而"^舌羅"字拼写阳性词。例如,"斡^舌羅"(oro–入)3:06a1。

(3)"雪":在《译语》中,基本拼写阴性词语。例如,"雪泥"(söni 夜)1:03a5。而"莎"字拼写阳性词。例如,"莎必剌周"(sobilaju 试着)3:09b3。

（4）"拙"：在《译语》中，基本拼写阴性词语。例如，"拙额连"（jö'elen 软）01：27b2。而"勺"字拼写阳性词语。例如，"勺^舌里_黑"（joriq 志）01：25：a7。

（5）"啜"：在《译语》中，基本拼写阴性词语。例如，"啜延"（čö'en 少）1：22b3。而"搠"字拼写阳性词语。例如，"搠斡儿^中合"（čo'orqa 锁）1：11a8。

上述 5 个"车遮韵"的字，经过我们分析其在《译语》中的实例发现，基本上都用于拼写蒙古语阴性词语。而且，相对这些阴性词语专用音译汉字，都有专门拼写阳性词语的音译汉字。下面我们用图归纳拼写蒙古语 C＋O/Ö 式语音结构类型音译汉字中的"萧豪韵"与"车遮韵"的拼写规则。

由此可以看出，在《译语》的音译汉字拼写方式中，对于《中原音韵》"萧豪韵"和"车遮韵"的字，有着明显的区别性拼写方式。特别是在拼写蒙古语 C＋O/Ö 式语音结构类型时，"11 萧豪"韵的字用来阳性词语，"14 车遮"韵的字用来拼写阴性词语。

3.2.4 小结

在 3.2 中我们具体分析了蒙古语 C＋O/Ö 语音结构类型字的拼写方式以及《译语》中的实际用例。以《中原音韵》所体现的音系作为基础，在分析蒙古语与音译汉字的对应关系时我们发现，在《译语》

音译汉字的拼写方式中存在着拼写蒙古语同一类型的语音结构类型的音译汉字，有来自完全不同韵母类型的拼写现象。同时我们还发现，这种不同韵母类型的音译汉字，主要是为了区别蒙古语阳性词语与阴性词语而区别使用的。具体说，就是拼写蒙古语 C + O/Ö 语音结构类型的音译汉字中，"歌戈韵"的字，并没有区别阳性词语与阴性词语的拼写规则，但是，"萧豪韵"的字却主要用于拼写阳性词语，"车遮韵"的字主要用于拼写阴性词语。下面是蒙古语的 C + O/Ö 式语音结构类型与《中原音韵》韵母类型之间的对应关系图：

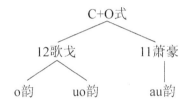

图　阳性词语的对应关系

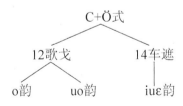

图　阴性词语的对应关系

《中原音韵》里"歌戈韵"和"萧豪韵"两韵并收的字共计44个。（如"约"字）。关于"歌戈韵"和"萧豪韵"，王力（1985：384）指出"歌戈韵"的字是文言音，"萧豪韵"的字是白话音。像这样两种音系都保留的例子在现代北京话中经常可以看到。根据这种观点，我们可以推论《译语》所使用的"萧豪韵"的两个字"勺"、"卓"在《中原音韵》里虽然只收录在"萧豪韵"里，但是完全有可能同时也存在"歌戈韵"系统的发音。我们来看其他韵书对这两个字的收录情况。

表61   "勺"、"卓"在其他韵书里的收录情况

音译汉字	分类	等韵图经	耳目资	洪武正韵	广韵
勺	韵类/拼写		xo	6 药	18 药
卓	韵类/拼写	tʂuɔ	cho	6 药	4 觉

从表62中可以推断这两个字在正统韵书《广韵》音系中的读音，被《正韵》、《耳目资》、《等韵图经》等韵书所继承。《中原音韵》里也可以收录在"歌戈韵"里，但事实上，这两个字只收录在十一"萧豪韵"里，没有收录在"歌戈韵"里。如果按照王力(1985)的观点，我们可以说，《中原音韵》只收录了这两个字的白话音，却没有收录它们的文言音。

众所周知，在明代，代表正统韵书音系的方言是南京音。如果我们假设《译语》是根据南京音拼写蒙古语语音的对音资料，那么，上述"萧豪韵"的"勺"、"卓"二字，由于与"歌戈韵"的字拥有相同的韵母成分，也就是说，"勺"、"卓"二字与"歌戈韵"的其他音译汉字一样，在拼写蒙古语语音的过程中，就完全没有区别蒙古语阴性词语与阳性词语的必要了。

但事实说明，在《译语》的音译汉字拼写规则中，"萧豪韵"的字在拼写蒙古语 C + o/ö 语音结构类型时，对于蒙古语的阴性词语与阳性词语，有着非常鲜明的区别性拼写规则。因此，我们认为，"勺"、"卓"二字，在《译语》中的读音，与"歌戈韵"系统的音

完全不同，是属于完全不同音系的读音。也就是说，由此可以推断，《译语》音译者的方言里，十一"萧豪韵"的"勺"、"卓"二字，使用的不是文言系统的读音，而是白话系统的读音。

　　这样的方音特征，在元曲里也有所体现。元曲押韵的形态可以证明这一点。宁继福在《十四世纪大都方言的文白异读》（1991：39）一文中，通过研究 1144 首元曲的押韵形态，指出："在元曲的押韵中，中古宕、江摄的字（包括上述"勺"、"卓"二字）在 13、14 世纪时的大都方言中，基本都是押十一"萧豪韵"，押"歌戈韵"的基本没有。"从这点来看，《译语》中的音译汉字的用法与 13、14 世纪元曲的押韵形态基本一致，因此，我们认为，《译语》的音译汉字基础音系与当时北方的官话音系，特别是北京音极其相似，《译语》音译者很有可能是在北京长期居住过的人。

3.3　中古"曾摄"与"梗摄"入声字拼写规则

　　《译语》的音译汉字里，中古曾、梗摄一二等的入声字有"伯"、"克"、"额"、"赫"、"黑"、"客"、"刻"、"格"、"勒"9 个字。这其中，"勒"字在《译语》中拼写的是蒙古语的音节末辅音，由于拼写蒙古语音节末辅音的音译汉字，基本都是根据汉字的声母的特征拼写蒙古语语音，因此，我们无法确定其韵母部分与蒙古语语音的对应形式，在此不作为分析对象。

　　其余 8 个字在《译语》中实例如下所示：

　　（1）"伯"："伯颜"　　　　　（bayan 富）　　　　1：19a6

　　（2）"克"："克"　　　　　　（kei 风）　　　　　1：01a5

（3）"额"："额亶"　　　　　　　（ejen 主）　　　　1：14a8

（4）"赫"："赫列额"　　　　　　（hele'e 鸢）　　　1：07a7

（5）"黑"："黑里干"　　　　　　（heligen 肝）　　　1：24a2

（6）"客"："额客"　　　　　　　（eke 母）　　　　　1：14b4

（7）"刻"："额惕刻"　　　　　　（etke 割）　　　　　1：13a7

（8）"格"："斡耳朵格儿"　　　（ordo ger 宫）　　1：08b6

　　从以上的例子来看，"伯"与"克"字用来拼写蒙古语 C＋V＋i
语音结构类型，"额"、"赫"、"黑"、"客"、"刻"、"格" 6 个字用
来拼写蒙古语 C＋V 语音结构类型。这 6 个字在《中原音韵》中的
收录情况如下表所示：

表 62　　　　　　　　　中古曾梗摄的入声字在《中原音韵》中的收录情况

蒙古语	音译汉字	中原音韵	声调	拟定音值
bai	伯	皆来	入作上	pai
kei	克			k'ei
e	额	车遮	入作去	iɛ
		皆来	入作去	iai
he	赫			xei
	黑	齐微	入作上	xei
ke	客	车遮	入作上	k'iɛ
		皆来	入作上	k'iai
ke	刻	皆来	入作上	k'iai
ge	格	皆来	入作上	kiai

　　上述 8 个字中的"伯"与"克"字在《译语》所拼写的蒙古语
语音和《中原音韵》所体现的音系大体一致。但是，"额"、"赫"、

"黑"、"客"、"刻"、"格" 6 个字，在《译语》中所拼写的蒙古语语音，仅凭《中原音韵》所体现的音系是解释不了的。下面，我们把这 8 个字分为两组，即"伯"与"克" 2 个字作为第一组，"额"、"赫"、"黑"、"客"、"刻"、"格" 6 个字作为第二组，进行具体的分析与考察。

3.3.1 第一组梗摄、曾摄入声字

我们在 3.1.3 中提到过藤堂明保对梗摄一、二等入声字的观点。他认为第（1）类方言里梗摄一、二等入声字韵尾 -k 变为 -i，宕摄入声字韵尾 -k 变为 -u。根据这个理论，我们可以推断，《译语》音译汉字里的梗摄、曾摄的一、二等入声字中，上述第一组字"伯"与"克"字的入声韵尾在近代音中变为 -i，因此，在《译语》中，这两个字有条件拼写蒙古语二合元音。在这里，"伯"与"克"字的 [-i] 韵尾还在继续发挥其语音功能，拼写蒙古语二合元音的后方元音 i。因此，这两个字的音系是属于藤堂所指的第（1）类方言。同时，藤堂还指出："第（1）类方言是俗语的发音，第（2）类方言是文言的发音。而且，在现在官话方言里，南京方言的入声韵尾作为声门闭锁音仍然存在，是属于第（2）类方言。北京方言则是属于第（1）类方言。"由此可以推测，"伯"与"克"二字在《译语》中的音系属于北京音。

类似这样的语音现象，在现代北京话里也经常可以看到。在词典或者字典里，读 [-ei] [-ai] 的音称为"口语音"（或者是称为"白话音""通俗音"），读 [-ʔ] [-o] 的音称为文言音（或者是称为"书面音"、"正式音"）。

佐藤昭在《北京话的口语音与文言音》（1979）一文中指出，

中古梗、曾二摄入声字和北京口语音拥有非常整齐的对应关系。如
下图：

中古曾摄⟷北京 – ei
中古梗摄⟷北京 – ai

《译语》音译汉字里的中古曾摄入声字"克"，拼写蒙古语 的
C＋EI 语音结构类型，这与北京口语音的 – ei 相对应。另外，中古
梗摄入声字"伯"，拼写蒙古语 的 C＋AI 语音结构类型，这与北京
口语音的 – ai 相对应。总体来看，第一组的"克"、"伯"二字，在
《译语》中用来拼写蒙古语的 C＋VV 语音结构类型，这种读音与现
代北京口语音的语音形式完全对应。

3.3.2　第二组梗摄及曾摄入声字

在《译语》中，中古梗曾摄入声字"额"、"赫"、"黑"、
"客"、"刻"、"格"6 个字用于拼写蒙古语 C＋V 语音结构类
型。其中，"额"、"客"二字属于《中原音韵》十四"车遮韵"
韵和六"皆来韵"的两种韵。"刻"字与"格"字属于六"皆
来韵"，"黑"字属于四"齐微韵"，"赫"字没有被收录。下面
我们逐字进行分析。

（1）　"额"字——"额"在《广韵》中属于入声二十陌韵，
"五陌切"，疑母、开口、二等韵，拟定音值为 ŋɐk。在《正韵》中
属于入声七陌韵，"鄂格切"，我们拟为 ŋək 音。在《耳目资》中属
于第二摄 e 入声，"梧黑切"，罗马字拼音为 ge。在《中原音韵》中
收录有两种发音。一个是六"皆来韵"入声作去声，杨耐思拟定音
值为 iai。另一个是十四"车遮"韵入声作去声，杨耐思拟定音值

为 ŋiɛ。

关于"额"字"车遮"韵的拟音，日本学者石山福治[1]、佐々木猛[2]，我国学者宁继福[3]、刘德智[4]等都拟为 iɛ 音。还有董同龢（2001：64）指出："车遮入作去的'業'等紧接着'拽'等字，也可能本来同音现在中间的圈是误加的。……就《中原音韵》来说，实实在在可以解释为 ŋ－与○－分列的只有萧豪韵一个例。那么我们也可以假定那是周德清受传统韵书或自己方言的影响，偶然遗漏未并的。如此说来，《中原音韵》的声母中就没有 ŋ－了。"从蒙古语的语音特征来看，在《译语》及《秘史》中"额"字拼写蒙古语 e 元音，与"额"字一样拼写蒙古语 e 元音的"厄"字是零声母字。

"额"字在汉语各地方言音中有两种发音。北京方音里，"额"字只有 ɤ 一种发音。在西安方音里也只有 ŋei 一种发音。然而，在太原方音里却存在着文言音 ɤəʔ 与白话音 ɤaʔ 两种发音。在苏州方音里也有文言音 ŋɤʔ 与白话音 ŋɒʔ 两种发音。

（2）"客"字——"客"字在《广韵》中属于入声二十陌韵，"苦格切"，溪母、开口、二等韵，拟定音值为 k'ɐk。在《正韵》中属于入声七陌韵，"乞格切"，我们拟为 k'ək 音。在《耳目资》中属于第二摄 e 入声，"苦黑切"，罗马字拼音为 k'e。在《中原音韵》中与"额"同样属于十四"车遮韵"与六"皆来韵"。声调都是入声作上声，杨耐思拟定音值为"车遮"韵的发音是 k'iɛ、"皆来"韵的发音是 k'iai。

①参阅石山福治 1925，p. 292。
②本书参考了佐々木猛《中原音韵音节表》（未公开）。
③参阅宁继福 1982，p. 119，292。
④参阅许世英校订，刘德智注音《音注中原音韵》，p. 43。

（3）"刻"字——"刻"字在《广韵》中属于入声二十五德韵，"苦得切"，溪母、开口、一等韵，拟定音值为 k'ək。在《正韵》中属于入声七陌韵，"乞格切"，我们拟为 k'ə 音。在《耳目资》中属于第二摄 e 入声，"苦黑切"，罗马字拼音为 k'e。在《中原音韵》中与"客"字的六"皆来韵"的读音相同，声调是入声作上声，杨耐思拟定音值为 k'iai。

（4）"格"字——"格"字在《广韵》中属于入声二十陌韵，"古伯切"，见母、开口、二等韵，拟定定音值为 kɐk。另外，还属于入声十九铎韵，"古落切"，见母、开口、一等韵，拟定音值为 kɑk。

在《正韵》中属于入声字，并有四种读音。分别是七陌韵"各額切"与"胡得切"两种读音以及六药韵"葛鹤切"与"曷各切"两种读音。其中，"胡得切"与"曷各切"的两种读音的声母不能够表记蒙古语的 g 辅音，因此，在本书中不进行分析。我们拟定陌韵"各額切"的音值为 kək，药韵"葛鹤切"的音值为 kak。

在《耳目资》中也收录了四种读音。第二摄 e 入声，"古黑切"与"湖则切"的二音，罗马字拼音分别为 ke 与 he。第四摄 o 入声，"黑恶切"与"格恶切"二音，罗马字拼音分别为 ho 与 ko。本书只分析字父（即声母）为 k 的两种读音。

在《中原音韵》中"格"字属于六"皆来韵"入声作上声，杨耐思拟定音值为 kiai。

"格"字在《中原音韵》的读音，没有充足的语音条件来拼写蒙古语的 ge 语音结构类型。与上述"客"、"額"二字不同的是，"格"没有被《中原音韵》的"车遮"所收录。但是，中古二等牙喉音，由于介音 i 的异化作用，主要元音和韵尾 i 产生融合现象。因为，"客"字在近代音阶段拥有"车遮韵"的读音，所以，我们也可以推论出"格"字也有相同的现象，拥有与"客"字同样的韵母是完全有可能的。

（5）"赫"字——"赫"字在《广韵》中属于入声二十二陌韵，"呼格切"，晓母、开口、二等韵，拟定音值为 xək。在《正韵》中的收录较为复杂，在这里我们选出《广韵》系统的音，进行分析。"赫"字属于入声七陌韵，"呼格切"，我们拟为 xək 音。在《耳目资》中属于第十四摄 ie 入声"黑一切"，罗马字拼音为 hie。另外，还有第二摄 e 入声，"湖则切"，罗马字拼音为 he、第十三摄 ia 去声，"黑恶切"，罗马字拼音为 hia 两种音。在《中原音韵》"赫"字没有收录。但是，"赫"字的中古同音字"嚇"字在《中原音韵》属于六"皆来韵"入声作上声（拟定音值 xiai）、十四"車遮"韵入声作上声（拟定音值 xiɛ）、"家麻韵"去声等三种韵母类型。

（6）"黑"字——"黑"字在《广韵》中属于入声二十五德韵，"呼北切"，晓母、开口、一等韵，拟定音值为 xək。在《正韵》中 sy 入声七陌韵，"迄得切"，我们拟为 xək 音。在《耳目资》中属于第二摄 e 入声甚，"湖则切"，罗马字拼音为 he。在《中原音韵》中属于四"齐微韵"入声作上声，拟定音值为 xei。

上述的具体分析告诉我们，除去"黑"字，其他五个字可以说都拥有《中原音韵》六"皆来韵"的读音。其中，"额"与"客"两字还有"车遮韵"的读音。对此，薛凤生在《中原音韵音位系统》中指出：

这类入声字中有三个倒也出现在车遮韵里。它们是1453033 "客"　（中古：梗开二入陌溪，现代/khè/），1453035 "吓"　（中古：梗开二入陌疑，现代/hè/）和 "额"（中古：梗开二入陌疑，现代/é/），但他们的出现好像不是读书音所致。（中略）有意思的是，《中原音韵》的韵母/yay/在现代北京话里，除了自成音节外（如，"崖"，现代北京话为/yay/或/ya/），已经改读/ye/了。我们看到，/yay/→/ye/的过程早在《中原音韵音韵》就开始了，但首先限制在以前入声音节（包括一个零声母音节）的范围内，可能作为一个类推变化的结果，后来才在零声母音节外的所有音节中全面推开。[①]

由此看来，"额"、"客"、"赫"三个字"车遮"韵的读音是白话音"皆来韵"韵母结合的结果，从而我们可以确定拼写蒙古语 e 与 ke 语音结构类型的音译汉字"额"与"客"并不是根据文言音来进行拼写的。"额"和"客"虽然还存在"车遮韵"的音，但是并不是由文言音发展而来。在今天的北京话里，我们已经找不到这些字的"皆来韵"的读音了，但是，在北京近邻地区的方言里，仍然保留着"皆来韵"的语音痕迹。佐藤昭在《北京话的口语音与文言音》中还指出："与北京话非常相近的昌黎（北京以东 80km）话里，'客'的口语音为 tç'ie，'额'的口语音为 nie 音。因此可以说这四个字原本是存在口语读音的，而现在只留了文言读音。"

---

①参阅薛凤生《中原音韵音位系统》北京语言学院出版社 1990 年版，第 126 页。

关于北京话的文言音和口语音并存的现象，平山久雄"中古入声字与北京话声调的对应通则"（1960）一文中阐述了他的观点：

> 如果我们把构成北京口语音的基础方言称为 A 方言，构成北京文言音的基础方言称为 B 方言，在中古汉语阶段，两种方言就已经形成各有所别的读音。但是，在某个时期，B 方言作为一种在政治、文化上都占有优势地位的方言，渗透到 A 方言里。由于这种强势的影响，导致两种方言中都出现了不同发音，也就是说口语音、文言音两种完全不同形式的发音，并存于一种方言音内的现象的形成。

下面，结合《秘史》的音译汉字，来分析一下梗曾摄入声字在北京话的口语音和文言音的读音情况。

表 63 中古曾梗摄入声字《中原音韵》及北京口语、文言音对照表

汉字	中原音韵	拟定音值	北京白话	北京文言
白	皆来	pai2	pai2	po2
伯	皆来	pai3	pai3 特	po2
索	皆来	ʃai3		
	萧豪	sau3		suo3
泽	皆来	tʃai2	tʂai2 *	tse2
北	齐微	puei3	pei3，pei4 特	po4
克				k'e4
德	齐微	tei3		tɤ2
国	齐微	kuei3		kuo2
额	车遮	iɛ4		ɤ2

汉字	中原音韵	拟定音值	北京白话	北京文言
	皆来	iai4		
客	车遮	k'iɛ3		k'ɤ4
	皆来	k'iai3	tç'ie	
刻	皆来	k'iai4		k'ɤ4
赫				xe4
黑	齐微	xei	xei	xei
格	皆来	kiai3		kɤ2

总结表64的内容，《中原音韵》、《译语》、《秘史》、《北京口语音》里共有的字是"白"、"伯"、"泽"、"北"4个字，《中原音韵》《译语》、《秘史》里有，而《北京口语音》里没有的字是"索"、"克"、"德"、"国"4个字。《中原音韵》里没有，《译语》、《秘史》和《北京口语音》里有的字是"额"、"客"、"赫"、"格"4个字。但是，这4个字在《中原音韵》中除了"格"字以外的3个字都收录在十四"车遮"韵里。关于"车遮"韵的读音，薛凤生指出：是"皆来韵"的主要元音和韵尾结合在一起的结果，并不是来自于文言音。这样看来，这三个字在《译语》、《秘史》中的读音是白话音"皆来韵"的韵母韵尾相结合的结果，因此，用来拼写蒙古语C+E语时，并不是根据文言音来进行拼写的，而是根据白话音拼写的结果。

3.4 音译汉字"阿"与"合"字拼写方式

如前所述，《秘史》中的音译汉字和《中原音韵》中表述的音系基本上是一致的。《秘史》中所使用的564个字，有些字音与《中

· 118 ·

原音韵》的收录不一致。但是，不能说这些字音与《中原音韵》所体现的音系完全不一样。这些音译汉字当中，大部分是《中原音韵》没有收录当时的口语读音，也就是说，是当时的白话音。对比一部分韵书的收录情况，和一些方言土语的语音，为我们留下了极为珍贵的证据。

下面就让我们用具体的实例来进行分析。根据北京大学中国语言文学系，语言学教研室编撰的《汉语方言字汇》（语文出版社，2003，北京）为基准，选出现在方言中文言和白话并存的北方官话圈区域的北京、西安、太原、济南等地区的方言音，作为参考对象，进行音译汉字的实例分析。

3.4.1 "阿"字

"阿"字在《译语》中拼写蒙古语 a 音。例如，"阿中合"（aqa）〈兄〉等。各韵书收录情况如下：

表 64   "阿"

音译汉字		中原音韵	耳目资	正韵	广韵
阿	韵类/表记	12 歌戈	o	14 歌，於何	7 歌，乌何
	声调	平阴	清平	平	平
	拟音	o	o	o	ɑ

上述各韵书中，"阿"字基本属于圆唇元音，但是拼写蒙古语 C＋a 语音结构类型的音译汉字基本都收录在《中原音韵》"家麻韵"里，而"歌戈韵"的字基本用来拼写蒙古语 C＋o/ö 语音结构类型，所以，我们不能够用《中原音韵》的音系来拟定"阿"字在《译语》中的音值。"家麻韵"和"歌戈韵"的韵母是明显不

同的两个韵母。这里就产生了一个疑问,为什么"歌戈韵"的字要用来表示蒙古语 C + a 语音结构类型呢。为了解答这个疑问,我们还需要分析"阿"字在不同韵书以及现代不同方言中的发音。

从《汉语方音字汇》的记录状况来看,中国的大部分地区,"阿"字的读音,有"文白异读"两种发音。如下表。

表 65   "阿"字的方言音

方言区域	官话	官话	官话	吴语	闽语
地域	北京	西安	武汉	温州	厦门
文言音	ɣ	uo	o	ɔ	o
白话音	a	a	a	a	a

从上表的各地方言来看,可以判定"阿"字有文言音和白话音两种发音。北京方音的"ɣ"和"a",西安方音的"uo"和"a",武汉方音的"o"和"a"分别表示文言音系统的发音和白话音系统的发音。跟文言音系统的发音比起来,白话音系统的发音更接近蒙古语 C + a 语音结构类型的发音。"阿"字用来拼写蒙古语 C + a 语音结构类型,很明显是采用了它的白话音系统的发音。然而,"阿"字的白话音系统的读音,在多数韵书中还没有确切的记载,但是我们从《秘史》和《译语》所记录的词汇例子来看,很明显,"阿"字是作为非圆唇元音的读音来拼写蒙古语的音译汉字的,因此,可以推测明初时期这样的白话音已存在,并且在某种方音体系中是占有主导地位的读音。代表明末北京方音的韵书徐孝的《等韵图经》,可以为我们证明这一观点。在《等韵图经》中,"阿"字收录在果摄第十二开口篇的影母平声里,陆志伟的拟定音位为 [ɔ]。这与《中原音韵》的收录情况相同,属于同一方

音系统。除此之外，"阿"字还被收录在假摄第十四开口篇的影母上声里，陆志伟的拟定音值为［ɑ］。这个假摄所收录的读音，极有可能是现代白话音的原型。显而易见，在明代，"阿"字就有这样两种类型的读音并存。另外，在朝鲜汉字语音资料《洪武正韵译训》（以下略为《译训》）中，"阿"字被收录在卷三十四歌韵影声母类别里，而俗音标音为ʔa。这个《译训》的俗音与《等韵图经》的假摄读音属于同一类型的读音，很有可能是"阿"字的现代白话音的原型。

3.4.2　"合"字

"中合"字是在《译语》中是拼写蒙古语 qa 语音结构类型的音译汉字。例如，"中合舌刺"（qara）〈黑〉1：21a7 等。

表66　　　　　　　　　　　　　　　　　　　　"中合"

音译汉字		中原音韵	耳目资		
合	韵类/表记	12 歌戈	ho，黑恶	ko，格恶	
	声调	入作平	入	入	
	拟音	xo	ho	ko	
音译汉字		正韵		广韵	
合	韵类/表记	9 合，胡閤	9 合，古沓	27 合，侯閤	27 合，古沓
	声调	入	入	入	入
	拟音	ɣap	kap	ɣɒp	kɑp

"合"字的情况与上面的"阿"相同，韵母部分不适合用来拼写蒙古语的元音 a。所以，我们不能够用《中原音韵》的音系来拟定"合"字在《译语》中的音值。按照"阿"字的分析方法，我们需要分析"合"字在各地方言中的发音情况，以及《等韵图经》等

韵书中的收录情况。"合"字的各地方音情况如下表。

表67 "合"的方言发音

方言区域	官话	官话	官话	湘话
地域	北京	西安	太原	双峰
	xɣ	xuo	xəʔ kəʔ（文言读法）	xue（文言读法）
	ka	kɣ	xaʔ kaʔ（白话读法）	xua（白话读法））

　　虽然中国各个地区的发音都不相同，但各个地方却都有两种发音。北京、西安有两种发音，不清楚到底是文言发音还是白话发音，太原的文言发音是［xaʔ］和［kaʔ］，白话发音是［xaʔ］和［kaʔ］。在双峰，文言发音是［xue］，白话发音是［xua］。

　　在《等韵图经》中"合"字被收录在假摄第十四开口篇的晓母，陆志伟拟定音值为xɑ。另外，从《译训》的收录情况来看，"合"字的俗音韵母主元音是a元音。①

　　与上述"阿"字一样，《译语》是根据白话系统的读音来拼写蒙古语C＋a语音结构类型的，所以，我们可以拟定"中合"字在《译语》中的音值为qa¹音。

　　综上所述，"阿"字与"合"字在《译语》中都用于拼写蒙古语C＋A语音结构类型。根据韵书的收录，这两个字都应该属于圆唇元音韵母类型，而不属于拼写蒙古语的展唇元音语音结构类型。事实上，在《译语》中，这两个字并没有拼写蒙古语圆唇元音的实例，只有拼写展唇元音的例子。所以，我们可以认为，当时，"阿"与"合"字，除了韵书所收录的圆唇元音系统的读音以外，还拥有

①参阅《译训》卷十六的九合韵。

展唇元音的读音。由于，这种读音属于口语语音系统的音，也就是白话音，所以，各类正统韵书中没有收录这样的语音形式。然而，在《译语》音译者的口语中，"阿"字与"合"字的读音，很有可能白话音已成为主流读音了。因此，我们得出《译语》音译汉字的基础音系采用了北方白话音的结论。

《译语》中这种白话痕迹处处可见。如音译汉字的字体以及汉字的选用方面，都不同程度的体现着白话的要素。

3.5 音译汉字"兀"的用法

《译语》音译汉字的白话特征不仅体现在音译汉字的语音层面上，在汉字的使用方面也有着不同程度的体现。本书主要以"兀"字为中心，考察《译语》在汉字使用方面的白话痕迹。

"兀"字是拼写蒙古语 C + U/Ü 式语音结构类型的音译汉字，其使用范围也较为广泛。例如，"兀孙"（usun 水）、"阿兀剌"（aɣula 山）等。"兀"在各韵书中的收录情况如下：

表68 "兀"

音译汉字	分类	中原音韵	耳目资	正韵	广韵
兀	韵类/表记	5 鱼模	guo，额斡	2 質，五忽	11 没，五忽
	声调	入作上	入甚	入	入
	拟音	u	guo	ŋuət	ŋuət

"兀"字在《广韵》属于入声十一没韵，"五忽切"，拟定音值为 ŋuət。在《正韵》中属于入声二質韵，反切与《广韵》相同。我们拟为 ŋuət。在《耳目资》中属于第二十四摄 uo 入声甚，"额斡

切"，罗马字拼音为 guo。在《中原音韵》中属于五"鱼模"韵入声作上声，杨耐思拟定音值为 u。我们可以拟定"兀"在《译语》中的音值为 u^3。

"兀"字在《译语》中的出现次数较多，所拼写词语种类也较为丰富。换句话说，"兀"是音译汉字中，属于重要度较高的拼写符号之一。

大量使用"兀"字的汉语文献主要是白话作品。关于这一点，杨天戈在《说"兀"》(1980) 一文中指出：

> "兀"字的使用范围除《水浒传》之外，主要出现在宋朝"剧本"(说唱剧本、讲谈剧本)，以及金、元的戏曲中。此外，明朝的"戏曲"、"小说"、"拟话本"(明朝末期的文人模仿剧本形式所创的白话短篇小说) 中也有使用，但不是很普遍，在明朝以后的作品中逐渐消失。

从杨天戈对"兀"字在文献中使用情况的记述来看，在金、元时期的白话作品中，经常使用"兀"字。在《译语》中，"兀"字是重要度较高的拼写符号。毋庸置疑，白话作品中经常使用的字，作为重要拼写符号出现在《译语》的音译汉字中，显然体现了《译语》所拥有的白话要素。

在音译汉字的字音层面，我们在 3.2、3.3、3.4 中进行了详细的分析研究，得出在《译语》的音译汉字中北方白话音是其语音基础的结论。在此，我们还要说，不仅是音译汉字的字音方面，在汉字的选用以及字体、字形等方面，《译语》也有很多的白话要素。就连《译语》的旁译、意译等部分的汉语词语、语法方面也有着一定程度的白话语音成分。

综合考虑字音、字形等方面的特征，我们认为，《译语》的音译者，比起汉人文人所追求的"雅"之要素，有更重视"实用性、常用性"要素的倾向。我们也可以说，《译语》所体现的白话要素与白话语言成分，是元朝产生《中原音韵》这样一部划时代韵书的一种延续。

在明朝初期，《译语》这本具有很多白话要素的外语学教科书，并没有被古代汉文化的"雅"和"传统"所束缚，而是根据社会语言文化的实际情况，以最为实用、最为通俗易懂的形式，为当时的知识阶层以及官僚阶层，提供了蒙古语言文化及历史进程的相关信息。

3.6 明初音译汉字基础音系与政权文化的关系

在上文中，我们对能够有效地辨别《译语》音译汉字基础音系的中古宕摄、江摄、梗摄、曾摄入声字进行了具体分析和考证。其结果表明，《译语》音译者的基础方言属于北方官话音系的方言区域。而且，在和现代北京音比较之后，我们发现，《译语》音译汉字的基础音系与北京音非常接近。根据这些分析，在此我们可以确定，《译语》音译汉字的基础音系为《中原音韵》中所体现的北方音系，并且，具有较多的白话音成分。

某种方言语音，在特定社会群体中是否有着主导地位，这与该社会群体所处的社会背景以及文化背景有着紧密的内在联系。我们知道《译语》是一部为培养蒙古语翻译人员的"教科书"，是一部官方编撰的蒙汉对译辞书，所以，这部辞书，一定程度上代表着当时官方的标准音。当然，根据编撰人员的出身地区以及生活区域等的不同，辞书中会有一些不同方言音的流露，但是，这种不同，只局限在个别单词的音译以及少数个别音译汉字的使用方面。在整体音译过程中，音译者基于一种方言音的标准来进行音译拼写。

我们提出了，《译语》音译汉字的基础音系是北方音，特别是北京音的可能性最大的结论。对于这个结论，我们不仅要从音译汉字的具体拼写规则及使用方式中进行分析验证，还需要结合当时的社会文化背景来进行多方面的论证。下面我们根据相关史料，分析《译语》音译年代，即明朝初期的政权性质以及社会文化背景对语言文化的影响。

关于明朝初期的政权性质，日本学者宫崎市定在《从洪武到永乐——明朝初期的政权性质》（1969：5—9）中作了如下阐述：

太祖（笔者注，明太祖：朱元璋）对蒙古没有很强的攘夷敌忾心，因此，在不知不觉中继承了很多蒙古风气。……太祖的政策无非是沿袭了元朝。

明朝初期的官制沿袭了元朝的制度，对于各地方地区的统治方式也继承了元朝的统治方式。例如，洪武帝封自己的孩子为"亲王"，并在各地设立王府，与军队一起驻屯，从而统治这些地区。这与蒙古王朝历代可汗的统治方式完全相同。除此之外，有军事行动时，明朝皇帝也会亲自率领军队进行远征。这种皇帝的亲征行为是历代汉人王朝无法想象的事情，也是蒙古政权所留下的影响之一。

诸多史学家的研究成果都证明，明朝初期的政权沿用元朝政权的统治方式，这种政权性质，体现在官僚阶层以及知识阶层的意识形态中。最能够体现当时知识阶层意识的是文学作品。关于明朝初期文学，可以说某种程度上是元朝文学的一种延续。明朝初期的文学除了诗歌和文章以外，从元朝传下来的小说和戏剧等方面的发展非常活跃。从整个明朝的文学发展角度来看，可以说南曲占有戏剧的主导地位，但是，在明朝初期，戏剧的主流主要以北曲为中心。因此，为了作曲押韵的韵书也大多是为了北曲的押韵而编纂。佐佐木猛在《最后的北曲系韵书〈词林韵释〉或〈词林要韵〉》（1994：170）中指出：

> 《琼林雅韵》是为北曲押韵而作的韵书，而且，根据《琼林雅韵》所编纂的《词林韵释》体现的基础音系，实际上也是《中州乐府音韵类编》及《中原音韵》等韵书所代表的元朝北方共通音。

另外，明朝初期的读书人阶层中，有很多普通老百姓出身的文人。元朝以前的文人用文言来作诗、作文，虽然也有一些使用白话文的例子，但没有普遍化。然而在元朝时期，由于异民族的统治，白话文的地位在社会上得到提升，并成为文学语言的中心。白话文在文学领域中的普及，彻底改变了汉人文人的意识形态。到了明代，即使不断提倡回复文言、复古文学，但实际上，还是改变不了知识阶层对白话文及白话音的基本态度。事实上，在明朝，比起复古的诗文，白话小说成为了文学作品的主流。这些都说明，明朝时期，白话文在知识阶层中有着重要的地位，并且白话音在文人的日常语言生活中也占有主导地位。

正因如此，在某种程度上，明朝初期的政权性质以及社会文化背景，与元朝极为相似，明建国初期，基本上继承了元朝的政权统治方式以及社会文化风潮。

众所周知，朱元璋是农民出身，他自身没有很高的教养及文化素养。为了做一位有威望的皇帝，统治全国，他必须很努力地去模仿前王朝皇帝的很多做法。在建国当时，他有必要尽快地掌握元朝的统治制度以及相关国家制度。因此，他下令编撰《译语》及《秘史》这样的语言资料、史料。这些文献，不仅发挥了外语学习教科书的作用，同时也成为了当时的统治阶层了解元朝政权政策的重要依据。

明朝初期，宫廷、官僚阶层、读书人阶层都具有浓重的百姓风气。在这种社会风潮中，外语教科书的编撰，可以说应该具有大众化的通俗性质。因此，在《译语》以及《秘史》音译汉字所体现的北方白话音的痕迹，也是当时社会的必然现象。

除了语音方面，在《译语》与《秘史》的汉语傍译、总译中，也体现着白话文体的痕迹。还有汉字俗体字的使用等方面，都不同程度地体现出白话要素。我们认为，在这种特定的文化背景下，《译语》音译汉字所体现的白话音成分以及白话要素，是合乎当时语言文化发展趋势的。

3.7　小结

在第三章里，我们对《译语》音译汉字的基础音系进行了具体而详细的分析与考证。以下对本章的具体内容作如下总结。

（1）确定了辨别《译语》音译汉字基础音系的最有效方法。与

《译语》的实例相结合，分析中古宕摄、江摄入声字与中古梗摄、曾摄的一、二等入声字在《译语》中的拼写规则以及使用方法。

（2）在《译语》中，拼写蒙古语的 C＋O/Ö 式语音结构类型的音译汉字与《中原音韵》韵母类型的对应关系最复杂。这些音译汉字与《中原音韵》"歌戈韵"、"萧豪韵"、"车遮韵"三种不同韵母类型相对应。其原因是，为了区分蒙古语阳性词语与阴性词语的结果。"歌戈韵"的字不区分阳性词语和阴性词语，然而，"萧豪韵"的字主要是用于拼写阳性词语，"车遮韵"的字主要是用于拼写阴性词语。中古的宕摄、江摄的入声字"桌"、"勺"二字是根据其《中原音韵》"萧豪韵"的读音用于蒙古语的拼写，即入声韵尾作为 －u 的形式被用于拼写。这体现着北方白话音系的语音特征。

（3）把中古梗摄、曾摄的一、二等字"伯"、"克"、"额"、"赫"、"黑"、"客"、"刻"、"格"分为两个小组进行分析考证。结果发现，属于第一组的"伯"字拼写蒙古语的 C＋AI 式语音结构类型，与北京口语音的 －ai 相对应。"克"字拼写蒙古语 C＋EI 语音结构类型，与北京口语音的 －ei 相对应。第一组音译汉字是根据当时的白话音，拼写蒙古语二合元音的产物。属于第二组的"额"、"赫"、"黑"、"客"、"刻"、"格"6 个字拼写蒙古语 C＋E 语音结构类型。除了"格"与"赫"字以外，其他 4 个字在《中原音韵》里都有两种读音，即，"车遮韵"与"皆来韵"读音。关于"车遮韵"的读音，根据薛凤生的论点，我们可以视其为"皆来韵"主要元音和韵尾融合而成的结果，并不是文言音的读音。由此，我们可以说拼写蒙古语的 C＋E 式语音结构类型的第二组音译汉字的读音是白话音"皆来韵"的韵母融合所产生的结果，而不是根据文言音所产生的拼写形式。另外，根据具体分析我们得出，《译语》音译汉字里的中古梗摄入声字的使用情况与北京话的语音特征极其雷同的结论。

（4）"阿"与"合"字在《译语》中的实例表明，《译语》所采用的语音基础是北方白话音系。关于"阿"与"合"字的韵母，在近代韵书中，几乎都以元唇元音 o 的形式出现。但是，在《译语》里，这两字都是拼写蒙古语的展唇元音 C＋A 式语音结构类型的音译汉字。由此我们可以推断《译语》被音译的年代，"阿"与"合"字的韵母主要元音除了圆唇元音以外，在白话音系里还有另一种展唇元音的韵母形式同时存在。在《译语》中，音译者根据"阿"与"合"字的白话音拼写了蒙古语的 C＋A 式语音结构类型。

另外，我们还结合《译语》在音译汉字的使用方面具有的白话倾向，以及明朝初期语言文化中的大众化风气进行了深入的探讨与论述。

总之，在本章，我们通过对《译语》音译汉字的具体分析发现，《译语》音译汉字的基础音系，基本上与《中原音韵》所体现的音系一致，并且，有着明显的北方白话音的成分以及要素。

第四章 《译语》音译汉字在韵书中的归类分析表

1. V+（C）式语音结构类型

表1

蒙语	汉字	拟音	中原	声调	耳目资	声调	反切	广韵	声调	韵类	声母	等	摄	正韵	声调	韵类
a	阿	o	歌戈	平阴	o	清平		乌何	下平	7歌	影	开一	果	於何	平下	14歌
e	额	iɛ	车遮	入去	ge	入甚	梧黑	五陌	入	20陌	疑	开二	梗	鄂格	平下	7陌
		iai	皆来	入去												
i	亦			入去	ie	入次	衣十	羊益	入	22昔	余	开三	梗	夷益	入	7陌
i	宜	i	齐微	平阳	i	浊平		鱼羁	上坪	5支	疑	开三	止	延支	平上	2支
o	斡			入	uo	入甚	午恶	乌括	入	13末	影	合一	山	乌活	入	3曷
														古缓	上	9旱
o	窝	uo	歌戈	平阴	uo	清平	乌阿							乌禾	平下	14歌
u	兀	u	鱼模	入上	guo	入甚	额斡	五忽	入兀	11没	疑	合一	臻	五忽	入	2質
ai	埃	ai	皆来	平阴	iai	清平	衣灾	乌开	上平	16哈	影	开一	蟹	於开	平上	6皆
ai	愛	ai	皆來	去	gai	去	额在	乌代	去	19代	影	开一	蟹	於蓋	去	6泰
ui	危	uei	齐微	平阳	goei	浊平	额回	鱼羁	上平	5支	疑	合三	止	吾回	平上	7灰
ui	委	uei	齐微	上	uei	清平		於羁	上平	5支	影	合三	止	乌魁	平上	7灰
					uei	上		於詭	上	4纸	影	合三	止	乌贿	上	7贿
					uei	去								乌胃	去	7队
					goei	清平	额灰									
					goei	上	额偉									
ui	爲	uei	齐微	平阳	goei	浊平	额回	薳支	上平	5支	雲	合三	止	于嬀	平上	7灰
					uei	去		于偽	去	5寘				于位	去	7队
au	奥	au	萧豪	去	gao	去	额少	乌到	去	37号	影	开一	效	於到	去	13效
														乙六	入	1屋
am	俺	am	监咸	平阴	gan	上	额毯	乌感	上	48感	影	开一	咸	鄔感	上	21感
em	諳	am			gan	清平	额食	乌含	下平	22覃	影	开一	咸	乌含	平下	21覃
an	安	an	寒山	平阴	gan	清平	额食	乌寒	上平	25寒	影	开一	山	於寒	平上	9寒
un	温	uən	真文	平阴	uen	清平	午詹	乌渾	上平	23魂	影	合一	臻	乌昆	平上	8眞
					uen	上	午展							委粉	上	8轸
					uen	去	午戰							於问	去	8震
un	穩	uən	真文	上	uen	上	午展	乌本	上	21混	影	合一	臻	乌本	上	8轸
					in	上	同引									

续表

蒙语	汉字	拟音	中原	声调	耳目资	声调	反切	广韵	声调	韵类	声母	等	摄	正韵	声调	韵类
ang	昂	ŋaŋ	江阳	平阳	gam	濁平	額房	五剛	下平	11唐	疑	开一	宕	五剛	平下	17陽
ing	影	iəŋ	庚青	上	im	上		於丙	上	38梗	影	开三	梗	於丙	上	18梗
ong	王	uaŋ	江阳	平阳	vam	濁平	物房	雨方	下平	10陽	雲	合三	宕	于方	平下	17陽
		uaŋ		去	uam	去	午訪	于放	去	41漾	雲	合三		于放	去	17漾
					uam	濁平	午房									
ong	汪	uaŋ	江阳	平阴	uam	清平	午方	烏光	下平	11唐	影	合一	宕	烏光	平下	17陽
								紆往	上	36養						
								烏浪	去	42宕						
ung	翁	uŋ	东钟	平阴	um	清平		烏紅	上平	1東	影	合一	通	烏紅	平上	1東
					um	上								烏孔	上	1董

2. N + V +（C）式语音结构类型

表2

蒙语	汉字	拟音	中原	声调	耳目资	声调	反切	广韵	声调	韵类	声母	等	摄	正韵	声调	韵类
na	納	na	家麻	入去	na	入	搦毅	奴荅	入	27合	泥	开一	咸	奴荅	入	9合
ne	捏	niε	車遮	入去	nie	入甚	搦箂	奴結	入	16屑	泥	开四	山			
ni	你	ni	齐微	上	ni	上	搦依	乃里	上	6止	泥			乃里	上	3薺
ni	泥	ni	齐微	平阳	ni	濁平	搦移	奴低	上平	12齊	泥	开四	蟹	乃里	上	3薺
		ni		去	ni	上	搦依	奴計	去	12霽	泥	开四	蟹	年題	平上	3齊
		ni			ni	去	搦易	奴禮	上	薺	泥	开四	蟹	乃計	去	3霽
no	那	nuo	歌戈	平阳	no	濁平	搦和	諾何	下平	7歌	泥	开一	果	奴何	平下	14歌
		nuo	歌戈	上	no	上	搦娿	奴可	上	加可	泥	开一	果	奴可	上	14哿
		nuo	歌戈	去	no	去	搦賀	奴箇	去	38箇	泥	开一	果	乃个	去	同柰
		na	家麻	去	na	去	搦罵									
		na			na	濁平	搦麻									
no	諾	nuo	歌戈	入去	no	入甚	搦恶	奴各	入	19鐸	泥	开一	宕	奴各	入	6藥
nu	弩	nu	鱼模	上	nu	上甚	搦五	奴古	上	10姥	泥	合一	遇	奴苦	上	5姥
nu	奴	nu	鱼模	平阳	nu	濁平	搦吾	乃都	上平	11模	泥	合一	遇	農都	平	5模
nu	訥	nu	鱼模	入去	nò	入次	搦熟	内骨	入	11沒	泥	合一	臻	奴骨	入	2質
nai	乃	nai	皆來	上	nai	上	搦宰	奴亥	上	15海	泥	开一	蟹	於蓋	去	6泰
		nai	皆來	上	gai	上	額宰								衣亥	上	6解
					gai	去	額在								曩亥	上	6解
niu	紐	niəu	尤侯	上	nieu	上	搦有	女久	上	44有	泥	开三	流	女九	上	19有
nim	您	niəm	侵寻	上												
nin	紉	niən	真文	平阳	nin	濁平	搦寅	女鄰	上平	17真	泥	开三	臻	尼鄰	平上	8真
nun	嫩	nən	真文	去	nun	去	搦寸	奴困	去	26慁	泥	合一	臻	奴困	去	8震
nang	囊				nam	上	搦紡	奴朗	上	37蕩	泥	开一	宕	乃黨	上	17養
neng	能	nəŋ	庚青	平阳	nem	濁平	搦膡	奴登	下平	17登	泥	开一	曾	奴登	平下	18庚
		nai	皆來	平阳	nai	去	搦在	奴代	去	19代	泥	开一	蟹	尼帶	去	6泰

续表

蒙语	汉字	拟音	中原	声调	耳目资	声调	反切	广韵	声调	韵类	声母	等	摄	正韵	声调	韵类
								奴來	上平	16哈	泥	开一	蟹	湯來	平上	6皆
								奴等	上	43等	泥					

3. B + V + (C) 式语音结构类型

表3

蒙语	汉字	拟音	中原	声调	耳目资	声调	反切	广韵	声调	韵类	声母	等	摄	正韵	声调	韵类
b	卜	bu	鱼模	入上	po	入次	百熟	博木	入	屋	幫	合一	通	博木	入	1屋
ba	八	pa	家麻	入上	pa	入	百殺	博拔	入	14點	幫	开二	山	布拔	入	4辖
ba	巴	pa	家麻	平阴	pa	清平	百沙	伯加	下平	9麻	幫	开二	假	邦加	平下	15麻
ba	把	pa	家麻	上	pa	上	百馬	博下	上	35馬	幫	开二	假	補下	上	15馬
					pa	去	百罵							必駕	去	15禡
be	別	piε	車遮	入平	pie	入	百葉	皮列	入	17薛	並	开三	山	避列	入	5屑
		piε	車遮	入上				彼列	入	17薛				必列	入	5屑
								方別	入	17薛	幫	开三	山			
bi	必	pi	齐微	入上	pie	入	百一	卑吉	入	5質	幫	开三	臻	壁吉	入	2質
bo	孛				poei	去	百偽	浦昧	去	18隊	並	合一	臻	步味	去	7隊
					p'ò	入次	魄熟	蒲没	入	11没	並	合一	臻	蒲沒	入	2質
bo	博				po	入甚	百恶	補各	入	19鐸	帮	开一	宕	伯各	入	6藥
bo	伯	pai	皆來	入上	pe	入甚	布黑	博陌	入	20陌	帮	开二	梗	必駕	去	15禡
bu	卜	pu	鱼模	入上	pò	入次	百熟	博木	入	1屋	幫	合一	通	博木	入	1屋
bu	不	pu	鱼模	入上	pò	入次	百熟	甫九	下平	18尤	幫			敷勿	入	2質
					fu	清平	弗烏	分勿	入	8物	帮	合三	臻	通没	入	2質
					fò	入次	弗熟	甫鳩	去	49宥	帮	开三	流	俯救	去	19宥
								方久	上	44有	幫			俯九	上	19有
bai	伯	pai	皆來	入上	pa	去	百罵	博陌	入	20陌	帮	开二	梗	必駕	去	15禡
					pe	入甚	布黑							博陌	入	7陌
					ma	去	麥大							莫駕	去	15禡
bai	拜	pai	皆來	去	pai	去	百在	博怪	去	16怪	帮	开二	蟹	布怪	去	6泰
bai	擺	pai	皆來	上	pai	上	百宰	北買	上	12蟹	帮	开二	蟹	補買	上	6解
bui	備	puei	齐微	去	pi	去	百易	平祕	去	6至	並	开三	止	毘意	去	2真
bau	保	pau	萧豪	上	pao	上	百少	博抱	上	32晧	帮	开一	效	博浩	上	13巧
ban	班	pan	寒山	平阴	pan	清平	百貪	布還	上平	27刪	帮	开二	山	通還	平上	10刪
ban	斑	pan	寒山	平阴	pan	清平	百貪	布還	上平	27刪	帮	开二	山	通還	平上	10刪
ben	邊	piεn	先天	平阴	pien	清平	百煙	布玄	下平	1先	帮	开四	山	卑眠	平下	11先
bin	賓	piən	真文	平阴	pin	清平	百因	必鄰	上平	17真	帮	开三	臻	卑民	平上	8真
bun	奔	puən	真文	平阴	puen	清平	百溫	博昆	上平	23魂	帮	合一	臻	通昆	平上	8真
					fuen	去	弗熅	甫悶	去	26恩	帮			通悶	去	8震

4. Q + V +（C）式语音结构类型

表4

蒙语	汉字	拟音	中原	声调	耳目资	声调	反切	广韵	声调	韵类	声母	等	摄	正韵	声调	韵类
q	黑	xei	齐微	入上	he	入甚	湖则	呼北	入	25德	晓	开一	曾	迄得	入	7陌
qa	中合	xo	歌戈	入平	ko	入	格恶	古沓	入	27合	见	开一	咸	古沓	入	9合
					ho	入	黑恶	侯阁	入	27合	匣	开一	咸	胡阁	入	9合
qa	花	xua	家麻	平阴	hoa	清平	黑花	呼瓜	下平	9麻	晓	合二	假	呼瓜	平下	15麻
qo	中火	xuo	歌戈	上	ho	上	黑婴	呼果	上	34果	晓	合一	果	虎果	上	14哿
					huo	上	黑媒									
qo	中豁				huo	入甚	黑斡	呼括	入	13末	晓	合一	山	呼括	入	3曷
qo	中阔	k'uo	歌戈	入上	k'uo	入甚	克斡	苦括	入	13末	溪	合一	山	苦括	入	3曷
qo	和	xuo	歌戈	平阳	ho	浊平	黑摩	户戈	下平	8戈	匣	合一	果	户戈	平	14歌
qu	中忽	xu	鱼模	入上	hò	入次	黑熟	呼骨	入	11没	晓	合一	臻	呼骨	入	2質
					vò	入次	物熟									
					huò	入次	黑屋									
					voe	入	舞或									
qai	中孩	xai	皆來	平阳	hai	浊平	黑才	戶來	上平	16咍	匣	开一	蟹	何开	平上	6皆
qai	中凯	k'ai	皆來	上	k'ai	上	克宰	苦亥	上	海	溪	开一	蟹	可亥	上	6解
qui	中灰	xuei	齐微	平阴	hoei	清平	黑威	呼恢	上平	15灰	晓	合一	蟹	呼回	平上	7灰
qam	中含	xam	监咸	平阳	han	浊平	黑壇	胡南	下平	22覃	匣	开一	咸	胡南	平下	21覃
					han	去	黑嘆							胡绀	去	21勘
qan	中罕	xan	寒山	上	han	上	黑毯	呼旱	上	23旱	晓	开一	山	許旱	上	9旱
								呼旰	去	28翰	晓	开一	山			
qan	中侃	k'an	寒山	上	k'an	上	克毯	空旱	上	23旱	溪	开一	山	空旱	上	9旱
					k'an	去	克嘆	苦旰	去	28翰	溪	开一	山	祛幹	去	9翰
qon	中歡	xon	桓歡	平阴	huon	清平	黑劊	呼官	上平	26桓	晓	合一	山	呼官	平上	9寒
qun	中昆	kuən	真文	平阴	kuen	清平	格温	古渾	上平	23魂	见	合一	臻	古本	上	8轸
					hoen	浊平	黑魂							胡昆	平上	8真
					k'uen	清平	克温							公渾	平上	8真
qun	中渾	xuən	真文	平阳	hoen	浊平	黑魂	戶昆	上平	23魂	匣	合一	臻	湖本	上	8轸
								胡本	上	21混				胡昆	平上	8真
qun	中温	uən	真文	平阴	uen	清平	午詹	乌渾	上平	23魂	影	合一	臻	乌昆	平上	8真
					uen	上	午展							委粉	上	8轸
					uen	去	午戬							於問	去	8震
qong	中匡	k'uaŋ	江阳	平阴	k'uam	清平	克汪	去王	下平	10陽	溪	合三	宕	曲王	平下	17陽
					uam	清平	午方							五剛	平下	17陽
					vam	清平	物方									

5. K + V + （C）式语音结构类型

表5

蒙语	汉字	拟音	中原	声调	耳目资	声调	反切	广韵	声调	韵类	声母	等	摄	正韵	声调	韵类
ke	客	k'iɛ	車遮	入上	k'e	入甚	苦黑	苦格	入	20陌	溪	开二	梗	乞格	入	7陌
		k'iai	皆来	入上												
ke	刻	k'iai	皆来	入上	k'e	入	苦黑	苦得	入	25德	溪	开一	曾	乞格	入	7陌
ke	怯	k'iɛ	車遮	入上	k'ie	入甚	克篥	去劫	入	業	溪	开三	咸			
ki	乞	k'i	齐微	入上	k'i	去	克易	去訖	入	9迄	溪	开三	臻	欺訖	入	2質
					k'ie	入次	克一							去翼	去	3霽
ki	竒	k'i	齐微	平阳	k'i	浊平	克移	渠羈	平		羣	开三	止	渠宜	平	2支
ki	其	k'i	齐微	平阳	k'i	浊平	克移	渠之	平		羣	开三	止	渠宜	平	2支
ko	可	k'o	歌戈	上	k'o	上	克宴	枯我	上	33哿	溪	开一	果	口我	上	14哿
ko	闊	k'uo	歌戈	入上	k'uo	入甚	克觪	苦括	入	13末	溪	合一	山	苦括	入	3曷
ko	顆	k'uo	歌戈	上	k'o	上	克宴	苦果	上	34果	溪	合一	果	苦果	上	14哿
ko	科	k'uo	歌戈	平阳	k'o	平	克阿	苦禾	下平	8戈	溪	合一	果	苦禾	平	14歌
ku	枯	k'u	鱼模	平阴	k'u	清平	克乌	苦胡	上平	11模	溪	合一	遇	空胡	平上	5模
ku	窟	k'u	鱼模	入上	k'o	入次	克熟	苦骨	入	11没	溪	合一	臻	苦骨	入	2質
kei	克				k'e	入	苦黑	苦得	入	25德	溪	开一	曾	乞格	入	7陌
kui	恢				k'uei	清平	克綏	苦回	上平	15灰	溪	合一	蟹	枯回	平上	7灰
kui	魁	k'uei	齐微	平阴	k'uei	清平	克綏	苦回	上平	15灰	溪	合一	蟹	枯回	平上	7灰
keu	口	k'əu	尤侯	上	k'eu	上	克丑	苦后	上	厚	溪	开一	流	苦厚	上	19有
kam	坎	k'am	监咸	上	k'an	上	克毯	苦感	上	48感	溪	开一	咸	苦感	上	21感
kim	琴	k'iəm	侵寻	平阳	k'in	浊平	克寅	巨金	下平	21侵	羣	开三	深	渠金	平下	20侵
kan	刊	k'an	寒山	平阴	k'an	清平	克貪	苦寒	上平	25寒	溪	开一	山	丘寒	平上	9寒
ken	虔	k'iɛn	先天	平陽	k'ien	浊平	克額	梁焉	下平	2仙	羣	開三	山	梁焉	平下	11先
kin	勤	k'iən	真文	平阴	k'in	浊平	克寅	巨斤	上平	21欣	羣	开三	臻	渠巾	平上	8眞
kon	款	k'on	桓欢	上	k'uon	上	克盌	苦管	上	24缓	溪	合一	山	苦管	上	9旱
kun	坤	k'uən	真文	平阴	k'uen	清平	克溫	苦昆	上平	23魂	溪	合一	臻	枯昆	平上	8眞
keng	慷				k'am	上	克紡	苦朗	上	荡	溪	开一	宕	丘剛	平	17陽
kong	匡	k'uaŋ	江阳	平阴	k'uam	清平	克汪	去王	下平	10陽	溪	合三	宕	曲王	平下	17陽
					uam	清平	午方							五剛	平下	17陽
					vam	清平	物方									

6. H + V +（C）式语音结构类型

表6

蒙语	汉字	拟音	中原	声调	耳目资	声调	反切	广韵	声调	韵类	声母	等	摄	正韵	声调	韵类
ha	哈							五合	入	27合	疑	开一	咸			
he	協	xiɛ	车遮	入平	hie	入甚	黑葉	胡頰	入	30怗	匣	开四	咸	胡頰	入	10葉
he	赫				hie	入次	黑一	呼格	入	20陌	曉	开二	梗	呼格	入	7陌
					he	入甚	湖則							迄逆	入	7陌
					xe	入次	書尺							施隻	入	7陌
					hia	去	黑亞							虚訝	去	15禡
he	黑	xei	齐微	入上	he	入甚	湖則	呼北	入	25德	曉	开一	曾	迄得	入	7陌
hi	希	xi	齐微	平阴	hi	清平	黑衣	香衣	上平	8微	曉	开三	止	虚宜	平上	2支
					chi	上	者依							諸氏	上	2纸
hi	喜	xi	齐微	上	hi	上	黑衣	虚里	上	6止	曉	开三	止	許里	上	2纸
ho	火	xuo	歌戈	上	ho	上	黑娿	呼果	上	34果	曉	合一	果	虎果	上	14哿
ho	呵	xo	歌戈	平阳	huo	上	黑㗻	虎何	下平	7歌	曉	开一	果	虎何	平下	14歌
ho	訶	xo	歌戈	平阴	ho	清平	黑阿	虎何	下平	7歌	曉	开一	果	虎何	平下	14歌
ho	豁				huo	入甚	黑斡	呼括	入	13末	曉	合一	山	呼括	入	3曷
hu	忽	xu	鱼模	入上	ho	入次	黑熟	呼骨	入	11没	曉	合一	臻	呼骨	入	2質
					vo	入次	物熟									
					huo	入次	黑屋									
					voe	入	舞或									
hu	許	xiu	鱼模	上	hu	上甚	黑五	虚呂	上	8語	曉	开三	遇	火五	上	5姥
					hiu	上中	黑語							虚呂	上	4语
hu	呼	xu	鱼模	平阴	hu	清平	黑烏	荒烏	平	模	曉	合一	遇	荒胡	平	5模
hai	孩	xai	皆來	平阳	hai	濁平	黑才	呼改	上	15海	匣	开一	蟹	何開	平	6皆
hoi	槐	xuai	皆來	平阳	hoai	濁平	黑懷	戶乖	上平	14皆	匣	合二	蟹	平乖	平上	6皆
					hoei	濁平	黑危	戶恢	上平	15灰				胡瑰	平上	7灰
han	罕	xan	寒山	上	han	上	黑毯	呼旱	上	23旱	曉	开一	山	許旱	上	9旱
hon	桓	xon	桓欢	平阳	huon	濁平	黑刓	胡官	上平	26桓	匣	合一	山	胡官	平上	9寒
					hoan	濁平	黑還									
					kem	清平	格登									

7. G + V + (C) 式语音结构类型

表7

蒙语	汉字	拟音	中原	声调	耳目资	声调	反切	广韵	声调	韵类	声母	等	摄	正韵	声调	韵类
ge	格	kiai	皆来	入上	ke	入甚	古黑	古落	入	19铎	见	开一	宕	葛鹤	入	6药
					he	入甚	湖则	古伯	入	20陌	见	开二	梗	曷各	入	6药
					ho	入甚	黑恶							胡得	入	7陌
					ko	入甚	格恶							各额	入	7陌
gi	吉	ki	齐微	入上	kie	入次	格一	居质	入	5质	见	开三	臻	激质	入	2质
gi	急	ki	齐微	入上	kie	入次	格一	居立	入	26缉	见	开三	臻	乞及	入	3齐
go	果	kuo	歌戈	上	ko	上	格婴	古火	上	34果	见	合一	果	古火	上	14哿
					k'o	上	克婴							苦果	上	14哿
					lo	上	勒婴							鲁果	上	14哿
					kuo	上	格娓							鸟果	上	14哿
					k'uo	上	克娓							古玩	去	9翰
					uo	上	午婴									
go	哥	ko	歌戈	平阴	ko	清平	格阿	古俄	下平	7歌	见	开一	果	居何	平下	14歌
go	葛	ko	歌戈	入上	ko	入	格恶	古达	入	12曷	见	开一	山	居曷	入	3曷
go	歌	ko	歌戈	平阴	ko	清平	格阿	古俄	下平	7歌	见	开一	果	居何	平下	14歌
go	郭	k'au	萧豪	入上	kuo	入甚	格幹	古博	入	19铎	见	合一	宕	古博	入	6药
go	括	ko	歌戈	入上	kuo	入甚	格幹	古活	入	13末	见	合一	山	古活	入	3曷
gu	古	ku	鱼模	上	ku	上甚	格五	公户	上	10姥	见	合一	遇	公土	上	5姥
gu	沽	ku	鱼模	上	ku	去甚	格悟	公户	上	10姥	见	合一	遇	古慕	去	5暮
		ku	鱼模	平阴	ku	清平	格乌	古胡	上平	11模				攻乎	平上	5模
					ku	上	格五	古暮	去	11暮				公土	上	5姥
gu	骨	ku	鱼模	入上	kò	入次	格熟	古忽	入	没	见	合一	臻	古忽	入	2质
gu	谷	ku	鱼模	入上	kò	入次	格熟	古禄	入	1屋	见	合三	通	古禄	入	1屋
gai	该	kai	皆來	平阴	kai	清平	格灾	古哀	上平	16咍	见	开一	蟹	柯开	平上	6皆
gui	癸	kuei	齐微	上	kuei	上	格委	居诔	上	5脂	见	合三	止	古委	上	7贿
gui	歸	kuei	齐微	平阴	kuei	清平	格痿	舉韋	上平	8微	见	合三	止	居爲	平上	7灰
gui	圭	kuei	齐微	平阴	kuei	清平	格痿	古攜	平	齐	见	合四	蟹	居爲	平	7灰
gya	加		家麻	平阴	kia	清平	格鸦	古牙	下平	9麻	见	开二	假	居牙	平下	15麻
gam	甘	kam	监咸	平阴	kan	清平	格贪	古三	下平	23谈	见	开一	咸	沽三	平下	21覃
														胡甘	平下	21覃
gan	干	kan	寒山	平阴	kan	清平	格贪	古寒	上平	25寒	见	开一	山	侯幹	去	9翰
					han	上	黑毯							鱼幹	去	9翰
														居寒	平上	9寒
gen	堅	kiɛn	先天	平阴	kien	清平	格煙	古贤	下平	1先	见	开四	山	經天	平下	11先
gen	根	kən	真文	平阴	ken	清平	格詹	古痕	上平	24痕	见	开一	臻	古痕	平	8真
gun	昆	kuən	真文	平阴	kuen	清平	格温	古浑	上平	23魂	见	合一	臻	古本	上	8轸
					hoen	浊平	黑魂							胡昆	平上	8真
					k'uen	清平	克温							公浑	平上	8真

8. M + V + (C) 式语音结构类型

表8

蒙语	汉字	拟音	中原	声调	耳目资	声调	反切	广韵	声调	韵类	声母	等	摄	正韵	声调	韵类
ma	馬	ma	家麻	上	ma	上	麦打	莫下	上	35 馬	明	开二	假	莫下	上	15 馬
ma	麻	ma	家麻	平阳	ma	濁平	麦茶	莫霞	下平	9 麻	明	开二	假	謨加	平下	15 麻
me	篾	miɛ	车遮	入去	mie	入其	麦莱	莫結	入	16 屑	明	开四	山	彌列	入	5 屑
mi	迷	mi	齐微	平阳	mi	濁平	麦移	莫兮	上平	12 齊	明	开四	蟹	绵兮	平上	3 齊
mi	覓	mi	齐微	入去	mie	入次	麦一	莫狄	入	錫	明	开四	梗	莫狄	入	7 陌
mo	抹	muo	歌戈	入上	mo	入甚	麦惡	莫撥	入	13 末	明	合一	山	莫葛	入	3 曷
		ma	家麻	入去												
mo	莫	muo	歌戈	入去	mo	入甚	麦惡	慕各	入	19 鐸	明	开一	宕	末各	入	6 葯
		mau	萧豪	入去	mu	去甚	麦悟							莫故	去	5 暮
					me	去甚	母黑							莫白	入	7 陌
mu	木	mu	鱼模	入去	mò	入次	麦熟	莫卜	入	1 屋	明	合一	通	莫卜	入	1 屋
mu	模	mu	鱼模	平阳	mu	濁平	麦吾	莫胡	上平	11 模	明	合一	遇	莫胡	平上	5 模
mu	眉	muei	齐微	平阳	mui	濁平	麦微	武悲	上平	6 脂	明	开三	止	謨杯	平	7 灰
								目悲	上平	新添						
mai	埋	mai	皆来	平阳	mai	濁平	麦才	莫皆	上平	14 皆	明	开二	蟹	謨皆	平上	6 皆
mai	買	mai	皆来	上	mai	上	麦宰	莫蟹	上	12 蟹	明	开二	蟹	莫蟹	上	6 解
mau	卯	mau	萧豪	上	mao	上	麦少	莫飽	上	31 巧	明	开二	效	莫鮑	上	13 巧
man	蠻	man	寒山	平阳	man	濁平	麦壇	莫還	上平	27 删	明	开二	山	謨還	平上	10 删
men	绵	miɛn	先天	平阳	mien	濁平	麦顏	武延	下平	2 仙	明	开三	山	莫堅	平下	11 先
men	免	miɛn	先天	上	mien	上	麦眼	亡辨	上	彌	明	开三	山	美辩	上	11 銑
min	民	miən	真文	平阳	min	濁平	麦寅	彌鄰	上平	17 眞	明	开三	臻	彌鄰	平上	8 眞
min	敏	miən	真文	上	min	上	麦引	眉殞	上	16 軫	明	开三	臻	弭盡	上	8 軫
min	閔	miən	真文	上	min	上	麦引	眉殞	上	16 軫	明	开三	臻	弭盡	上	8 軫
mun	門	muən	真文	平阳	muen	濁平	麦盆	莫奔	上平	23 魂	明	合一	臻	謨奔	平上	8 眞
mang	忙	maŋ	江阳	平阳	mam	濁平	麦房	莫郎	下平	11 唐	明	开一	宕	謨郎	平下	17 阳
mang	莽	maŋ	江阳	上	mam	上	麦紡	模朗	上	37 蕩	明	开一	宕	母黨	上	17 養
meng	猛	muŋ	东钟	上	mem	上	麦等	莫杏	上	梗	明	开二	梗	母梗	上	17 養
mung	蒙	muŋ	东钟	平阳	mum	濁平	麦洪	莫紅	上平	1 東	明	合一	通	莫紅	平上	1 東
					mam	濁平	麦房								平下	17 陽

9. L + V + （C）式语音结构类型

表9

蒙语	汉字	拟音	中原	声调	耳目资	声调	反切	广韵	声调	韵类	声母	等	摄	正韵	声调	韵类
l	勒	lei	齐微	入去	le	入基	路黑	盧則	入	25德	來	开一	曾	歷德	入	7陌
la	剌				la	入	勒殺	櫨達	入	12曷	來	开一	山	郎達	入	4轄
le	列	liɛ	车遮	入去	lie	入基	勒葉	良辥	入	17薛	來	开三	山	良薛	入	5屑
					li	去	勒易									
					chu	清平	者書	陟輪	上平	10虞				專於	平上	4鱼
li	里	li	齐微	上	li	上	勒依	良士	上	6止	來	开三	止	良以	上	3薺
li	黎	li	齐微	平阳	li	濁平	勒移	郎奚	上平	12齊	來	开四	蟹	鄰溪	平上	3齊
li	歷	li	齐微	入去	lie	入次	勒一	郎擊	入	錫	來	开四	梗			
lo	劣	liuε	车遮	入去	lie	入基	勒葉	力輟	入	17薛	來	合三	山	力輟	入	5屑
					liu	入中	勒域									
					liue	入	勒月									
lo	羅	luo	歌戈	平阳	lo	濁平	勒和	魯何	下平	7歌	來	开一	果	郎何	平下	14歌
lu	祿	lu	鱼模	入去	lò	入次	勒熟	盧谷	入	1屋	來	合一	通	盧谷	入	1屋
lu	魯	lu	鱼模	上	lu	上基	勒五	郎古	上	10姥	來	合一	遇	郎古	上	5姥
lu	呂	liu	鱼模	上	liu	上中	勒語	力举	上	語	來	开三	遇	雨與	上	4語
lai	來	lai	皆來	平阳	lai	濁平	勒才	落哀	上平	16咍	來	开一	蟹	郎才	平上	6皆
					li	濁平	勒移							鄰溪	平上	3齊
														洛代	去	6泰
lau	老	lau	萧豪	上	lao	上	勒少	盧晧	上	32晧	來	开一	效	魯晧	上	13巧
lam	藍	lam	监咸	平阳	lan	濁平	勒壇	魯甘	下平	23談	來	开一	咸	盧監	平下	21覃
lan	闌	lan	寒山	平阳	lan	濁平	勒壇	落干	上平	25寒	來	开一	山	郎干	平上	10删
len	連	liɛn	先天	平阳	lien	濁平	勒顏	力延	下平	2仙	來	开三	山	靈年	平下	11先
					lan	去	勒嘆							郎患	去	10諫
					lien	上	勒眼							力展	上	11銑
lin	鄰	liɛn	真文	平阳	lin	濁平	勒寅	力珍	上平	17眞	來	开三	臻	良刃	去	8震
														離珍	平上	8眞
lon	欒	lon	桓欢	平阳	luon	濁平	勒剜	落官	上平	26桓	來	合一	山	盧官	平上	9寒
lun	侖				lun	濁平	勒存	力迍	上平	18諄	來	合三	臻	盧昆	平上	8眞
lang	郎	laɔ	江阳	平阳	lam	濁平	勒房	魯當	下平	11唐	來	开一	宕	魯堂	平下	17陽
ling	零	liɛŋ	庚青	平阳	lim	濁平	勒迎	郎丁	下平	15青	來	开四	梗	離呈	平下	18庚
					lim	去	勒應	郎定	去	46徑				零落	去	18敬
lung	籠	luŋ	东钟	平阳	lum	濁平	勒洪	盧紅	上平	1東	來	合一	通	盧容	平上	1東
					lum	上	勒蓊	力董	上	1董				力董	上	1董
								力鐘	上平	2鐘						

10. S + V + (C) 式语音结构类型

表10

蒙语	汉字	拟音	中原	声调	耳目资	声调	反切	广韵	声调	韵类	声母	等	摄	正韵	声调	韵类
s	思	sǐ	支思	平阴	su	去次	色自	息吏	上平	7之	心	开三	止	相咨	平上	2支
		sǐ		去				相吏	去	7志				相吏	去	2寘
s	絲	sǐ	支思	平阴	su	去次	色自	息吏	上平	7之	心	开三	止	相咨	平上	2支
sa	撒	sa	家麻	入上	sa	入	色殺							桑轄	入	4轄
se	薛	siɛ	车遮	入上	sie	入甚	色葉	私列	入	17薛	心	开三	山	先結	入	5屑
					siue	入	色月									
se	小	siɛu	萧豪	上	siao	上	色天	私兆	上	小	心	开三	效	先了	上	12篠
si	昔	si	齐微	入上	siè	入次	色一	思積	入	22昔	心	开三	梗	思積	入	7陌
si	洗	si	齐微	上	si	上	色依	先禮	上	薺	心	开四	蟹	想里	上	3薺
so	莎	suo	歌戈	平阴	so	清平	色阿	蘇禾	下平	8戈	心	合一	果	桑何	平下	14歌
so	雪	siuɛ	车遮	入上	siue	入	色月	相絶	入	17薛	心	合三	山	蘇絶	入	5屑
su	速	su	鱼模	入上	sò	入次	色熟	桑谷	入	1屋	心	合一	通	蘇谷	入	1屋
su	俗	siu	鱼模	入平	sò	入次	色熟	似足	入	燭	邪	合三	通	松玉	入	1屋
su	纘	siu	鱼模	入平	sò	入次	色熟	似足	入	燭	邪	合三	通	松玉	入	1屋
sam	三	sam	监咸	平阴	c, án	清平	测食	蘇甘	下平	23談	心	开一	咸	倉含	平下	21覃
		sam	监咸	去	san	清平	色食	蘇暫	去	54闞				蘇監	平下	21覃
					san	去	色嘆							息暫	去	21勘
sam	毿	sam	监咸	平阴	毿 san	清平	色食	蘇含	下平	22覃	心	开一	咸	蘇含	平下	21覃
san	散	san	寒山	上	san	上	色毯	蘇旱	上	23旱	心	開一	山	蘇簡	上	10产
sen	先	siɛn	先天	平阴	sien	清平	色煙	蘇薦	下平	1先	心	开四	山	蘇典	上	11銑
								蘇佃	去	32霰		开四	山	先見	去	11霰
son	酸	son	桓歡	平阴				素官	平	桓	心	開一	山	蘇官	平	9寒
sun	孫	suɛn	真文	平阴	sun	清平	色村	思渾	上平	23魂	心	合一	臻	蘇因	去	8震

11. Š + V + (C) 式语音结构类型

表11

蒙语	汉字	拟音	中原	声调	耳目资	声调	反切	广韵	声调	韵类	声母	等	摄	正韵	声调	韵类
ši	失	ʃi	齐微	入上	xi	去	石易	式質	入	5質	書	开三	臻	式至	去	2寘
					xè	入次	書尺							式質	入	2質
					ie	入次	衣十							戈質	入	2質
ši	石	ʃi	齐微	入平	xè	入次	書尺	常隻	入	22昔	襌	开三	梗	裳隻	入	7陌
ši	拭	ʃi	齐微	入上	xè	入次	書尺	賞職	入	24職	書	开三	曾	施隻	入	7陌
ši	食	ʃi	齐微	入平	xè	入次	書尺	乘力	入	24職	船	开三	曾	施隻	入	7陌

续表

蒙语	汉字	拟音	中原	声调	耳目资	声调	反切	广韵	声调	韵类	声母	等	摄	正韵	声调	韵类
		sǐ	支思	去	i	去		羊吏	去	7志				相吏	去	2真
si	式				xe	入次	書尺	賞職	入	24職	書	开三	曾	施隻	入	7陌
šu	書	ʃu	鱼模	平阴	xu	清平	石諸	傷魚	平	魚	書	开三	遇	商居	平	4魚
šin	申	ʃiən	真文	平阴	xin	清平	石因	失人	上平	17眞	書	开三	臻	思晉	去	8震
					sin	去	色印							升人	平上	8眞
šang	賞							書兩	上	養	書	开三	宕	始兩	上	17養
šing	升	ʃiəŋ	庚青	平阴	xim	清平	石英	識蒸	下平	16蒸	書	开三	曾	書征	平下	18庚

12. T + V +（C）式语音结构类型

表12

蒙语	汉字	拟音	中原	声调	耳目资	声调	反切	广韵	声调	韵类	声母	等	摄	正韵	声调	韵类
ta	塔	t'a	家麻	入上	t'a	入	弋殺	吐盍	入	28盍	透	开一	咸	托甲	入	9合
ta	榻	t'a	家麻	入上	t'a	入	弋殺	吐盍	入	28盍	透	开一	咸	托甲	入	9合
ta	他	t'uo	歌戈	平阴	t'a	清平	弋沙	託何	平	歌	透	开一	果	湯何	平	14歌
ta	塌	t'a	家麻	入上	t'a	入	弋殺							托甲	入	9合
te	帖	t'iɛ	車遮	入上	t'ie	入甚	弋葉	他協	入	30帖	透	开四	咸	他協	入	10葉
ti	提	t'i	齐微	平阳	t'i	浊平	弋移	杜奚	平	齊	定	开四	蟹	杜兮	平	3齊
to	脱	t'uo	歌戈	入上	t'o	入甚	弋惡	徒活	入	13末	定	合一	山	他括	入	3曷
					to	入甚	德惡	土活						徒活	入	3曷
					t'ui	去	弋未	他括	入	13末	透	合一		吐内	去	7隊
to	妥	t'uo	歌戈	上	t'o	上	弋嫂	他果	上	34果	透	合一	果	吐火	上	14哿
tu	土	t'u	鱼模	上	t'u	上甚	弋五	徒古	上	10姥	定	合一	遇	徒古	上	5姥
					tu	上甚	德五	他魯	上	10姥	透	合一	遇	他魯	上	5姥
														董五	上	5姥
tu	禿	t'u	鱼模	入上	t'ð	入次	弋熟	他谷	入	1屋	透	合一	通	他谷	入	1屋
tu	途	t'u	鱼模	平阳	t'u	浊平	弋吾	同都	上平	11模	定	合一	遇	同都	平上	5模
tu	圖	t'u	鱼模	平阳	t'u	浊平	弋吾	同都	上平	11模	定	合一	遇	同都	平上	5模
tai	台	t'ai	皆來	平阳	t'ai	清平	弋災	土來	上平	16咍	透	开一	蟹	湯來	平上	6皆
					t'ai	浊平	弋才									
tau	討	t'au	萧豪	上	t'ao	上	弋少	他浩	上	32皓	透	开一	效	土皓	上	13巧
teu	挑	t'iɛu	萧豪	平阴	t'iao	清平	弋腰	吐彫	下平	3蕭	透	开四	效	他彫	平下	12蕭
					t'ao	清平	弋燒	土刀	下平	6豪				他刀	平下	13爻
					t'iao	上	弋夭	徒了	上	29篠	定	开四	效	土了	上	12篠
					tiao	上	德夭									
tam	談	t'am	监咸	平阳	t'an	浊平	弋殘	徒甘	下平	23談	定	开一	咸	徒監	平下	21覃
tan	壇	t'an	寒山	平阳	t'an	浊平	弋殘	徒干	上平	25寒	定	开一	山	唐闌	平上	10删
					t'an	上	弋敢							時載	去	11霰
					xen	上	石展							上演	上	11銑
					x'ien	去	石彦							杜晏	去	10諫

蒙语	汉字	拟音	中原	声调	耳目资	声调	反切	广韵	声调	韵类	声母	等	摄	正韵	声调	韵类
tan	檀	t'an	寒山	平阳	t'an	浊平	弍殘	徒干	上平	25寒	定	开一	山	唐闌	平上	10删
ten	田	t'iɛn	先天	平阳	t'ien	浊平	弍顏	徒年	下平	1先	定	开四	山	亭年	平下	11先
					tien	去	德彦							藩練	去	11霰
tin	亭	t'iəŋ	庚青	平阳	t'im	浊平	弍迎	特丁	平	青	定	开四	梗	唐丁	平	18庚
ton	團	t'on	桓欢	平阳	t'uon	浊平	弍剜	度官	上平	26桓	定	合一	山	徒官	平上	9寒
tun	屯	t'uŋ	真文	平阳	t'un	浊平	弍存	徒渾	上平	23魂	定	合一	臻	徒孫	平上	8眞
					chun	清平	者村	陟綸	上平	18諄				朱倫	平上	8眞
teng	騰	t'əŋ	庚青	平阳	t'em	浊平	弍恒	徒登	下平	17登	定	开一	曾	徒登	平下	18庚
tsang	倉	ts'aŋ	江阳	平阴	c'am	清平	測方	七岡	下平	11唐	清	开一	宕	楚浪	去	17漾
tung	統	t'uŋ	东钟	上	t'um	上	弍蓊	他綜	去	2宋	透	合一	通	他總	上	1董
					t'um	去								他貢	去	1送

13. D + V + （C）式语音结构类型

表13

蒙语	汉字	拟音	中原	声调	耳目资	声调	反切	广韵	声调	韵类	声母	等	摄	正韵	声调	韵类
d	惕				t'ie	入次	弍一	他歷	入	23錫	透	开四	梗	他歷	入	7陌
da	打	ta	家麻	上	ta	上	德馬	都挺	上	38梗	端	开四	梗	都瓦	上	15馬
					tim	上	德影	都冷	上	41迥				都領	上	18梗
da	荅				ta	入	德殺	都合	入	27合	端	开一	咸	得合	入	9合
de	迭	tie	车遮	入平	tie	入甚	德葉	徒結	入	16屑	定	开四	山	杜結	入	5屑
					ie	入次	衣十							戈質	入	
di	的	ti	齐微	入上	tie	入次	德一	都歷	入	23錫	端	开四	梗	丁歷	入	7陌
do	多	tuo	歌戈	平阴	to	清平	德阿	得何	下平	7歌	端	开一	果	得何	平下	14歌
do	朵	tuo	歌戈	上	to	上	德嬰	丁果	上	34果	端	合一	果	都火	上	14哿
du	突	tu	鱼模	入平	t'ɔ	入次	弍熟	陀骨	入	11没	定	合一	臻	吐訥	入	2質
du	都	tu	鱼模	平阴	tu	清平	德烏	當孤	上平	11模	端	合一	遇	東徒	平上	5模
dai	歹				tai	上	德宰	五割	入	12曷						
								五結	同餐							
dui	堆	tuei	齐微	平阴	tui	清平	德雖	都回	上平	15灰	端	合一	蟹	都回	平上	7灰
dau	倒	tau	萧豪	上	tao	上	德少	都皓	上	32皓	端	开一	效	杜皓	上	13巧
		tau	萧豪	去	tao	去	地少	都導	去	37号				都導	去1	13效
dau	搗	tau	萧豪	上	tao	上	德少	都皓	上	32皓	端	开一	效	都皓	上	13巧
dau	刀	tau	萧豪	平阴	tao	清平	德烧	都牢	平	豪	端	开一	效	都高	平	13爻
dau	禱	tau	萧豪	上	tao	上	德少	都皓	上	32皓	端	开一	效	都皓	上	13巧
dam	擔	tam	监咸	平阳	tan	清平	德貪	都甘	平	談	端	开一	咸	都監	平	21覃
dam	耽	tam	监咸	平阳	tan	清平	德貪	丁含	平	覃	端	开一	咸	都含	平	21覃
dem	點	tiɛm	廉纖	上	t'ien	上	德眼	多忝	上	51忝	端	开四	咸	多忝	上	22琰
dan	丹	tan	寒山	平阳	tan	清平	德貪	都寒	上平	25寒	端	开一	山	都艱	平上	10删
den	顛	tiɛn	先天	平阴	tien	清平	德煙	都年	下平	1先	端	开四	山	多年	平下	11先
					t'ien	浊平	弍顏	他甸	去	32霰				亭年	平下	11先

续表

蒙语	汉字	拟音	中原	声调	耳目资	声调	反切	广韵	声调	韵类	声母	等	摄	正韵	声调	韵类
dun	敦	tuən	真文	平阴	tun	清平	德村	都回	上平	15灰				都昆	平	8眞
					tun	去	德寸	都昆	上平	23魂	端	合一	臻	徒官	平	
dang	當	daŋ	江阳	平阴	當 tam	清平	德方	都郎	下平	11唐	端	开一	宕	都郎	平下	17阳
		daŋ	江阳	去	當 tam	去	德访	丁浪	去	42宕				丁浪	去	17漾
ding	丁	diəŋ	庚青	平阴	tim	清平	德英	當經	下平	15青	端	开四	梗	當經	平下	18庚
								中莖	下平	13耕				甾耕	平下	18庚
dung	東	duŋ	东钟	平阴	tum	清平	德翁	德红	上平	1東	端	合一	通	德红	平上	1東
dung	董	duŋ	东钟	上	tum	上	德蓊	多動	上	1董	端	合一	通	多動	上	1董

14. Č + V + （C）式语音结构类型

表14

蒙语	汉字	拟音	中原	声调	耳目资	声调	反切	广韵	声调	韵类	声母	等	摄	正韵	声调	韵类
ça	察	tʃʻa	家麻	入上	cʻha	入	撦殺	初八	入	14黠	初	开二	山	初戛	入	4轄
çe	扯															
çe	徹				cʻhe	入甚	處黑	丑列	入	17薛	徹	开三	山	敕列	入	5屑
								直列	入	17薛				直列	入	5屑
çi	池	tʃʻi	齐微	平阳	cʻhi	浊平	撦移	直離	上平	5支	澄	开三	止	陳知	平上	2支
					cʻhe	入甚	處黑							直列	入	5屑
çi	赤	tʃʻi	齐微	入上	cʻhè	入次	處十	昌石	入	22昔	昌	开三	梗	昌石	入	7陌
ço	啜	tʃuʃ			chue	入	者國	朱雪	入	17薛	昌	合三	山	朱劣	入	5屑
					cʻhue	入	撦國	昌悅	入	17薛	昌	合三		昌悅	入	5屑
ço	掤															
çu	出	tʃʻiu	鱼模	入上	cʻhu	入中	撦述	赤律	入	6術				尺律	入	2質
								昌律	去	6至	昌	合三	臻	蚩瑞	去	7隊
çu	除	tʃʻiu	鱼模	平阳	cʻhu	浊平	撦儒	直魚	上平	9魚	澄	开三	遇	長魚	平上	4魚
					chu	去中	者恕	遲倨	去	9御				治據	去	4御
çu	觸	tʃʻiu	鱼模	入上	cʻhu	入次	撦熟	尺玉	入	独	昌	合三	通	昌六	入	1屋
çu	褚	tʃʻiu	鱼模	上	chu	上		丑呂	上	語	徹	合三	遇	腫庚	上	4語
çau	炒	tʃʻau	萧豪	上	cʻhao	上	撦少	初爪	上	巧	初	开二	效	楚绞	上	13巧
çeu	丑	tʃʻiu	尤侯	上	cʻheu	上	撦丑	敕九	上	有	徹	开三	流	齒九	上	19有
çeu	潮	tʃʻiɛu	萧豪	阳平	cʻhao	浊平	撦韶	直遙	下平	4宵	澄	开三	效	馳遙	平下	12萧
çiu	抽	tʃʻiəu	尤侯	平阴	cʻheu	清平	撦收	丑鳩	下平	18尤	徹	开三	流	丑鳩	平下	19尤
çim	沉	tʃʻiəm	侵寻	平阳				直深	下平	21侵	澄	开三	深	持林	平下	20侵
çan	巉				can	浊平	測壇	鋤衔	平	衔	崇	开二	咸			
çen	禪	tʃʻiɛn	先天	平阳	xen	浊平	石禪	市連	下平	2仙	禅	开三	山	呈延	平	11先
		ʃien		去	nȷ			之膳	去	33線				之膳	去	11霰
					cʻhien	浊平	撦顏							呈延	平下	11先
					chien	去	者彥							式載	去	11霰
					xien	去	石彥									

续表

蒙语	汉字	拟音	中原	声调	耳目资	声调	反切	广韵	声调	韵类	声母	等	摄	正韵	声调	韵类
çin	臣	tʃʻiən	真文	平阳	cʻhin	浊平	攡寅	植鄰	上平	17真	禅	开三	臻	池鄰	平上	8真
çin	陈	tʃʻiən	真文	平阳	cʻhin	浊平	攡寅	直珍	上平	17真	澄	开三	臻	池鄰	平上	8真
								直刃	去	21震				直刃	去	8震
çin	嗔	tʃʻiən	真文	平阴	cʻhin	清平	攡因	昌眞	上平	17真	昌	开三	臻	稱人	平上	8真
					tʻien	浊平	忒颜	徒年	下平	1先				亭年	平下	11先
çon	川	tʃʻiuən	先天	平阴	cʻhuen	清平	攡溫	昌緣	下平	2仙	昌	合三	山	昌緣	平下	11先
çun	纯	tʃʻiuən	真文	平阳	tʻun	浊平	忒存	常倫	上平	18諄	禅	合三	臻	徒孫	平上	8真
					xun	浊平	石存	之尹	上	17準				殊倫	平上	8真
					chun	去	者寸							朱閏	去	8震
					chun	上	者村							之允	上	8軫
çang	常	tʃʻaŋ	江阳	平阳	cʻham	浊平	攡房	市羊	平	阳	禪	开三	宕	陳羊	平	17陽
çing	呈	tʃʻiəŋ	庚青	平阴	cʻhim	浊平	攡迎	直真	平	清	澄	开三	梗	時征	平	18庚

15. J + V + (C) 式语音结构类型

表15

蒙语	汉字	拟音	中原	声调	耳目资	声调	反切	广韵	声调	韵类	声母	等	摄	正韵	声调	韵类
ja	札				cha	入	者殺	側八	入	14黠	莊	开二	山	側八	入	4轄
je	者	tʃie	车遮	上	che	上	主若	章也	上	35馬	章	开三	假	止野	上	16者
je	摺	tʃie	车遮	入上	che	入甚	主黑	之涉	入	29葉	章	开三	咸	質涉	入	10葉
je	輒				che	入甚	主黑	涉葉	入	29葉	知	开三	咸	質涉	入	10葉
je	闍				che	浊平	書蛇	視遮	下平	9麻				石遮	平	16遮
je	浙	tʃie	车遮	入上	che	入甚	主黑	旨热	入		薛	章	开三	山	之列	入	5屑
ji	只	tʃi	齐微	入上	chi	上	者依	章移	上平	5支	章	开三	止	職日	入	2質
								諸氏	上	4紙	章	开三	止	諸氏	上	2紙
ji	知	tʃi	齐微	平阴	chi	清平	者衣	陟離	上平	5支	知	开三	止	珍而	平上	2支
					chi	去	者易							知意	去	2寘
ji	直	tʃi	齐微	入平				除力	入	24職	澄	开三	曾	直隻	入	7陌
jo	着	tʃieu	萧豪	入平				直略	入	18藥	澄	开三	宕			
jo	勺				xo	入甚	石惡	之若	入	18藥	章	开三	宕	職略	入	6藥
								市若	入	18藥				裳灼	入	6藥
jo	卓	tʃau	萧豪	入上	cho	入甚	者惡	竹角	入	4覺	知	开二	江	竹角	入	6藥
jo	拙	iuɛ	车遮	入上	kiue	入	格月	職悅	入	17薛	章	合三	山	朱劣	入	5屑
					chue	入	者國							其月	入	5屑
ju	主	tʃiu	鱼模	上	chu.	上中	者汝	之庾	上	9麌	章	合三	遇	腫庾	上	4语
					chu.	去中	者恕							陟慮	去	4御
ju	竹	tʃiu	鱼模	入上	chò	入次	者熟	張六	入	1屋	知	合三	通	之六	入	1屋
		tʃuɛiu	尤侯	入上												
ju	诸	tʃiu	鱼模	平阴	chu.	清平	者書	章魚	上平	8鱼	章	开三	遇	專於	平上	4鱼

续表

蒙语	汉字	拟音	中原	声调	耳目资	声调	反切	广韵	声调	韵类	声母	等	摄	正韵	声调	韵类
								正奢	下平	9麻						
jiu	周	tʂieu	尤侯	平阴	cheu	清平	者抽	職流	下平	18尤	章	开三	流	職流	平下	19尤
jai	澤	tʃai	皆來	入平	iè	入次	衣十	場伯	入	20陌	澄	开二	梗	直格	入	7陌
					iu.	濁中	衣儒									
					ce	入甚	自黑									
					xè	入次	書尺					施隻	入	7陌
					to	入甚	德惡					達各	入	6藥
jai	齋	tʃai	皆來	平阴	chai	清平	者災	側皆	上平	14皆	莊	开二	蟹	莊皆	平上	6皆
					cie	入次	則一									
					cù	清平	則私					津私	平上	2支
jeu	沼	tʂieu	萧豪	上	chao	上	者少	之少	上	30小	章	开三	效	止少	上	12篠
jam	站	tʂam	监咸	去				陟陷	去	58陷						
jen	氈	tʂiɛn	先天	平阴	chen	清平	者詹	甄諸	下平	2仙	章	开三	山	諸延	平下	11先
					chien	清平	者煙									
jin	真	neiʃi	真文	平阴	chin	清平	者因	職鄰	上平	17眞	莊	开三	臻	之人	平上	8眞
jon	轉	tʂiuɛn	先天	去	chuen	去	者煟	陟充	上	彌	知	合三	山	止充	上	11銑
					chuen	上	者穩									
jun	諄	tʂiuɛn	真文	平阴	chun	清平	者村	章倫	上平	18諄	章	合三	臻	朱閏	去	8震
								之閏	去	22稕				朱倫	平上	8眞
jang	掌	tʂaŋ	江阳	上	cham	上	者紡	諸兩	上	36養	章	开三	宕	止兩	上	17養

16. Y + V +（C）式语音结构类型

表16

蒙语	汉字	拟音	中原	声调	耳目资	声调	反切	广韵	声调	韵类	声母	等	摄	正韵	声调	韵类
y	宜	i	齐微	平阳	i	濁平		魚羈	上坪	5支	疑	开三	止	延支	平上	2支
ya	牙	ia	家麻	平阳	ia	濁平	衣麻	五加	下平	9麻	疑	开二	假	牛加	平下	15麻
					ia	去	衣褉							五駕	去	15禡
														語下	上	15馬
ye	也	iɛ	车遮	上	ie	上	衣者	羊者	上	35馬	余	开三	假	養里	上	2紙
ye	耶	iɛ	车遮	平阳	ie	濁平	衣蛇	似差	下平	9麻	余	开三	假	于遮	平下	16遮
yo	约	iau	萧豪	入去	iao	去	衣少	於笑	去	25笑	影	开三	效	一笑	去	12嘯
					io	入去	衣惡	於略	入	18藥	影	开三	宕	乙却	入	6藥
yu	余	iu	鱼模	平阳	iu	濁平	衣儒	以諸	上平	9魚	余	开三	遇	雲俱	平上	4鱼
								德胡	下平	9麻						
yam	黯	iam	监咸	上	gan	上	額毯	乙陷	下平	26咸	影	开二	咸	乙减	上	21感
								乙减	上	53豏						
yan	颜	ian	寒山	平阳	ien	濁平	衣襴	五姦	上平	27删	疑	开二	山	牛姦	平上	10删
					nien	濁平	搦顏									

续表

蒙语	汉字	拟音	中原	声调	耳目资	声调	反切	广韵	声调	韵类	声母	等	摄	正韵	声调	韵类
yen	延	iɛŋ	先天	平阳	ien	濁平	衣禋	以然	下平	2仙	余	开三	山	夷然	平下	11先
					ien	去	衣戬	以淺	去	33線				倪甸	去	11雨散
yin	因	iən	真文	平阴	in	清平		於真	上平	17眞	影	开三	臻	伊眞	平上	8眞
yin	寅	iən	真文	平阳	in	濁平		以脂	上平	6脂	余	开三	臻	延知	平上	2支
								翼眞	上平	17眞				魚巾	平上	8眞
yun	云	iuən	真文	平阳	iun	濁平	衣存	玉分	上平	20文	云	合三	臻	于分	平上	8眞
yeng	央	iaŋ	江阳	平阴	iam	清平	衣方	於良	平	阳	影	开三	宕	於京	平	18庚
ying	郢	inŋ	庚青	上	im	上	衣整	以整	上	静	以	开三	梗	庚項	上	18梗
yong	勇	iuŋ	东钟	上	ium	上	衣翁	余陇	上	2腫	以	合三	通	呷	上	1董

17. R＋V＋（C）式语音结构类型

表17

蒙语	汉字	拟音	中原	声调	耳目资	声调	反切	广韵	声调	韵类	声母	等	摄	正韵	声调	韵类
r	兒	ɛï	支思	平阳	ul	濁平		汝移	上平	5支	日	开三	止	如支	平上	2支
		i	齐微	平阳										研奚	平上	3齐
r	耳	ɛï	支思	上	ul	上		而止	上	6止	日	开三	止	忍止	上	2紙
r	舌而	ɛï	支思	平阳	ul	濁平		如之	上	7之	日	开三	止	如支	平上	2支
r	舌渔	ɛï	支思	平阳	ul	濁平		如之	上	7之	日	开三	止	如支	平上	2支
ra	舌刺				la	入	勒殺	檁達	入	12曷	來	开一	山	郎達	入	4轄
re	舌列	liɛ	車遮	入去	lie	入甚	勒葉	良辥	入	17薛	來	开三	山	良薛	入	5屑
ri	舌里	li	齐微	上	li	上	勒依	良士	上	6止	來	开三	止	良以	上	3薺
ro	舌劣	liuɛ		入去	lie	入甚	勒葉	力輟	入	17薛	來	合三	山	力輟	入	5屑
					liu	入中	勒域									
					liue	入	勒月									
ro	舌羅	luo	歌戈	平阳	lo	濁平	勒和	魯何	下平	7歌	來	开一	果	郎何	平下	14歌
ru	舌鲁	lu	鱼模	上	lu	上甚	勒五	郎古	上	10姥	來	合一	遇	郎古	上	5姥
rai	舌來	lai	皆來	平阳	lai	濁平	勒才	落哀	上平	16咍	來	开一	蟹	鄭溪	平上	6皆
					li	濁平	勒移							郎才	平上	3齐
														洛代	去	6泰
rui	舌雷	luei	齐微	平阳	lui	去	勒未	魯回	上平	15灰	來	合一	蟹	盧回	平上	7灰
														力遂	去	7隊
ram	舌藍	lam	监咸	平阳	lan	濁平	勒壇	魯甘	下平	23談	來	开一	咸	盧監	平下	21覃
rim	舌林	iəm	侵寻	平阳	lin	濁平	勒寅	力尋	下平	21侵	來	开三	深	犁沉	平下	20侵
ran	舌闌	lan	寒山	平阳	lan	濁平	勒壇	落干	上平	25寒	來	开一	山	郎干	平上	10删
ren	舌連	liɛn	先天	平阳	lien	濁平	勒顏	力延	下平	2仙	來	开三	山	靈年	平下	11先
					lan	去	勒嘆							郎患	去	10諫
					lien	上	勒眼							力展	上	11銑
rin	舌鄰	liən	真文	平阳	lin	濁平	勒寅	力珍	上平	17眞	來	开三	臻	離珍	平上	8眞
					lin	去	勒印							良刃	去	8震

续表

蒙语	汉字	拟音	中原	声调	耳目资	声调	反切	广韵	声调	韵类	声母	等	摄	正韵	声调	韵类
ron	舌欒	lon	桓欢	平阳	lon	濁平	勒剜	落官	上平	26桓	來	合一	山	盧官	平上	9寒
run	舌侖				lun	濁平	勒存	力迍	上平	18諄	來	合三	臻	盧昆	平上	8眞
rang	舌郎	laŋ	江阳	平阳	lam	濁平	勒房	魯當	下平	11唐	來	开一	宕	魯堂	平下	17陽
reng	舌良	liaŋ	江阳	平阳	leam	濁平	勒良	呂張	下平	10阳	來	开三	宕	龍張	平	17陽

18. W + V +（C）式语音结构类型

表 18

蒙语	汉字	拟音	中原	声调	耳目资	声调	反切	广韵	声调	韵类	声母	等	摄	正韵	声调	韵类
wa	瓦	ua	家麻	上	ua	上	午馬	五化	去	40禡	疑	合二	假	五罪	上	7賄
					goei	上	額偉	五寡	上	35馬	疑	合二	假	五寡	上	15馬

19. ʒ + V +（C）式语音结构类型

表 19

蒙语	汉字	拟音	中原	声调	耳目资	声调	反切	广韵	声调	韵类	声母	等	摄	正韵	声调	韵类
ʒa	咱	tsa	家麻	平阳												
ʒi	積	ˌtsi	齐微	入上				資昔	入	5寘	精	开三	梗	資四	去	2寘
ʒu	租	tsu	鱼模	平阴	çu	清平	則乌	則吾	上平	11模	精	合一	遇	宗蘇	平上	5模
ʒum	遵	tsium	真文	平阴	çun	清平	則村	將倫	上平	18諄	ʝ精	合三	臻	租昆	平上	8眞

结　　语

　　《华夷译语》（甲种本）是一部体现中世纪蒙古语的重要文献资料。对这部文献资料中使用的音译汉字，进行全面、系统、精密的分析与验证是正确解读该文献的基础性研究范畴。为了准确地解释中世纪蒙古语语音特征，我们必须对《译语》音译汉字的语音特征、拼写规则、对音规律以及基础音系，进行客观实在的探讨与论述。本书出于这一研究目标，对《译语》的音译汉字逐一进行了拟音分析与拼写规则的科学验证，从而论证了《译语》音译汉字的基础音系结构特征。

　　本书的第一章，主要论述了《译语》及《秘史》音译汉字的研究状况及其前人研究中存在的一些问题。进而，科学阐述了本书的研究思路与方法。

　　通过一系列的比较研究，笔者认为服部四郎的研究及其成果，具有以下几个方面值得进一步推敲的疑点。

　　（1）作为辨别《秘史》汉字音的基础音系的方法，服部四郎的相关研究只验证了浊音声母的用法。严格地说，这个方法只能有效地辨别有无浊音声母的不同方言。然而，将这种有无浊音声母的方言，有人称其为"存浊方音"和"失浊方音"。事实上，这种《译语》音译汉字浊音声母辨别法，似乎不能否定基础音系是属于"南京音"的可能性。

（2）服部四郎好像没有很好验证中古入声字实际用法及其拼写规则。因为，中古入声字是辨别南京音方言与北京音方言最有效的方法与手段。

（3）服部四郎研究《秘史》音译汉字的成果《拼写元朝秘史蒙古语音译汉字的研究》中的下篇第 2 章到第 12 章部分已丢失，从而导致验证音译汉字的有关资料出现空缺。结果，给后人留下很多疑团，使他们无法全面地把握他对音译汉字的整体研究思路。

无论怎样，服部四郎的"浊音声母辨别法"，在一定程度上阐明了《秘史》音译汉字的基础音系方面出现的有关结构型特征，以及音译汉字的相关拼写规则和使用原理。可以说，他在一定程度上，进一步推进了音译汉字的研究工作。但是，不能不说其中还存在一些问题。从某种意义上说，服部四郎的研究是关于《秘史》音译汉字的唯一一部较为全面系统的科研成果。他的研究距今已有半个世纪了，在此期间汉语音韵学研究、汉语方言调查等领域的科研工作有了一定进展。值得庆幸的是，我们一直以来关注的研究成果近年来陆续被发表和出版。在这一较理想的研究态势面前，我们有必要对《译语》和《秘史》的音译汉字的结构型特征及基础音系，进行更加深入、全面、系统而详细的分析与研究。

再说，通过比较研究，我们同样从中村雅之的研究及其成果中，发现了一系列的值得进一步深入探讨的学术问题。具体地说：

（1）他所提出的"果摄开口字是否适合于蒙古语圆唇音或展唇音的拼写规则"的方法，对于辨别蒙古语和汉语对音资料的音译汉字基础音系的分析不一定十分有效。因为，我们通过具体对比分析发现，在同一个对音资料中，果摄开口一等字既用于拼写蒙古语的圆唇元音，又可用于拼写蒙古语展唇元音。为了证实该论点，我们全面分析了《至元译语》中的相关音译汉字用法，结果发现果摄开口一等字除了拼写蒙古语 ge 与 ke 音的实例之外，还能够找到很多拼写蒙古语 gö 与 kö 音的具体例子。显然，《至元译语》中使用的果摄开口一等字在元代对音资料当中，一般都用于拼写蒙古语圆唇音 gö、kö、do、no 等语音结构形式。由此，我们认为中村雅之没有对《至元译语》音译汉字的用法进行十分全面的科学考证。

（2）中村雅之在研究《秘史》与《译语》的基础音系时，似乎只注重果摄开口一等字的研究方法来判定整个资料出现的音译汉字的基础音系，从而没有能够全面把握音系的整体面貌。《秘史》中使用的 570 个字中，果摄开口一等字只有 11 个，仅仅是音译汉字总数的 3% 左右。而且，这 11 个果摄开口一等字并不是完全用于拼写蒙古语的圆唇音。例如，果摄一等字"阿"在《译语》与《秘史》中拼写的是蒙古语的展唇元音 a。例如，"阿兀剌"（a'ula 山），蒙古语中的 a 音展唇元音。

（3）上面提到的 11 个果摄开口一等字，在《中原音韵》中属于"歌戈韵"。如果按照中村雅之提出的相关论点来分析，《中原音韵》也应该是代表南京音系的韵书之一。这样的学术观点，显然不够全面和准确。

综上所述，上述服部四郎与中村雅之所提出的音译汉字基础音系辨别方法——"浊音声母辨别法"和"果摄开口一等字辨别法"

都不是十分有效的方法。通过研究我们认为，南京方言音和北京方言音的最大区别不在于浊音声母或果摄一等字的用法上，而是在于入声字入声韵尾的语音形态结构方面。从而，在此我们确定了辨别《译语》及《秘史》音译汉字基础音系的最为科学而有效地辨别方法——即"入声字韵尾辨别法"。

　　本书在第二章，对音译汉字所拼写的蒙古语语音结构形式与《中原音韵》音韵对应现象进行了详细探讨。首先，以《中原音韵》的音系作为基础，对《译语》的音译汉字进行了全面拟音分析。在拟音过程中，除了《中原音韵》之外，我们把《正韵》、《耳目资》、《广韵》、《等韵图经》，以及朝鲜汉字音资料及其相关研究成果作为了辅助资料。其次，我们把《译语》音译汉字分为（1）C＋V式语音结构类型；（2）C＋VV式语音结构类型；（3）CV＋N式语音结构类型；（4）CV＋M式语音结构类型；（5）CV＋NG式语音结构类型五组。甚至，根据音译汉字中出现的主要元音类型，把每一组字又进一步分为若干语音结合式小组，对音译汉字与《中原音韵》韵母类型的对应现象做了如下分类与归纳。

蒙古语语音结构类型	《中原音韵》韵部	韵母类型
C＋A式	家麻韵	a
C＋E式	车遮韵	iɛ
C＋I式	齐微韵	i
C＋O/Ö式	歌戈韵	o
		uo
	萧豪韵	ɑu
	车遮韵	iuɛ

续表

蒙古语语音结构类型	《中原音韵》韵部	韵母类型
C＋U/Ü 式	鱼模韵	u
		iu
	尤侯韵	iəu
C＋AI 式	皆来韵	ai
C＋EI 式	齐微韵	ei
C＋ OI/ÖI 式	皆来韵	uai
C＋ UI/üI 式	齐微韵	uei
C＋AU 式	萧豪韵	au
C＋Eü 式	萧豪韵	iɛu
	尤侯韵	ɛu
C＋IU 式	尤侯韵	iəu
CA＋N 式	寒山韵	an
CE＋N 式	先天韵	nɛi
CI＋N 式	真文韵	iɛn
CO＋N 式	桓欢韵	on
	先天韵	iuɛn
CU＋N 式	真文韵	uən
		iuən
CA＋M 式	监咸韵	am
CE＋M 式	廉纤韵	iɛm
	监咸韵	am
CI＋M 式	侵寻韵	iəm
CA＋NG 式	江阳韵	aŋ
CE＋NG 式	庚青韵	əŋ
	江阳韵	iaŋ
CI＋NG 式	庚青韵	iəŋ
CO＋NG 式	江阳韵	uaŋ
CU＋NG 式	东钟韵	uŋ
		iuŋ

以上表格表明，《译语》音译汉字所拼写的蒙古语语音结构类型与《中原音韵》韵母类型，有极其整齐且有规律的对应关系。正因

为如此，我们提出，《译语》音译汉字的基础音系与《中原音韵》的音系基本相同，都属于北方官话音系范畴的学术论点。

本书的第三章中，我们根据在第一章中提出的"入声字韵尾辨别法"，对《译语》音译汉字的基础音系进行了深入细致的科学探讨与论述。在此基础上提出：

（1）通过系统而全面的比较研究，确定了辨别《译语》音译汉字基础音系最有效方法。也就是说，分析和论证了中古宕摄、江摄入声字与中古梗摄一、二与曾摄一、二等入声字，在《译语》中的拼写规则与使用原理。

（2）通过对音译汉字与《中原音韵》音韵对应现象的分析探讨发现，拼写蒙古语的 C + O/Ö 语音结构类型的音译汉字与三种不同韵母类型相对应，由此表现出它们同《中原音韵》韵母类型对应的复杂关系。其原因主要在于，《译语》音译者，为了区分蒙古语阳性词语与阴性词的拼写，使用了不同韵母类型汉字的结果。具体地讲，属于"萧豪韵"的音译汉字用于拼写蒙古语阳性词语，而"车遮韵"的音译汉字主要用于拼写蒙古语阴性词语。这样的拼写形式主要局限于中古宕摄与江摄入声字范围，同时该拼写形式体现出北方白话音系的语音结构特征。

（3）在这里，把属于中古梗摄一、二与曾摄一、二等的入声字"伯"、"克"、"额"、"赫"、"黑"、"客"、"刻"、"格"分为两组，从而进行了翔实而客观地分析。其结果，属于第一组的是"伯"与"克"。其中，"伯"字用于拼写蒙古语的 C + AI 式语音结构，"克"字用于拼写蒙古语 C + EI 式语音结构。这说明了，前者与北京口语音的 - ai 韵母相对应，后者与北京口语音的 - ei 韵母相对应的基本原理。由此可以判断，第一组的音译汉字是根据当时的北京口语音来拼写蒙古语的 C＋AI 式与 C＋EI 式两种二合元音结构类型。属于第二组"额"、"赫"、"黑"、"客"、"刻"、"格"6 个字主要拼写蒙古语 C＋E 式语音结构类型。从表面上看，这种拼写方式似乎与南京音的音系特征较为相似。但是，经过研究发现，上述六个字在《中原音韵》中除"格"与"赫"字以外，其他 4 个字都被收录在"车遮韵"里。这里有必要提到的是，薛凤生关于"车遮韵"读音方面的论述。他说，属于该音韵结构类型的读音是"皆来韵"的主要元音和韵尾相互融合的结果，并不属于文言音音系的产物。依据该论点，我们认为，拼写蒙古语 C＋E 式语音结构类型的音译汉字主要根据当时的白话音来拼写了蒙古语语音，而且这种白话语音体系贯穿于整个资料的音译汉字当中，从而成为《译语》音译汉字基础音系的重要组成部分。

（4）"阿"和"合"字在《译语》中拼写蒙古语 C＋A 式语音结构类型，这种拼写方式的出现是基于北方白话音系的结果。关于"阿"和"合"字的韵母类型，在各类韵书中几乎都用圆唇元音 o 来记音。由此可以推测，明朝初期"阿"和"合"字的韵母除了圆唇元音类型结构以外，在白话音系里还有一种展唇元音的韵母类型结构。所以，在《译语》中，音译者根据"阿"和"合"字的白话音系，拼写了蒙古语 C＋A 式语音结构类型。

（5）在《译语》中，属于利用频率较高、使用面较广的音译汉字"兀"在元明时期，是白话文学作品中常用的汉字之一。"兀"的用法，某种程度上体现了《译语》在音译汉字使用方面，有着浓重的白话成分以及要素的倾向。

（6）从明朝初期的政治制度、文化背景来分析，明朝建国时沿袭元朝统治方式及社会文化体制的现象较为明显。因此，可以充分认识到，明朝初期的语言文化背景，也与元朝时期较为接近。为此我们能够肯定地指出，在那特定历史条件和语言文化环境下，北方官话音系占有主导地位的重要因素。

　　总而言之，在第三章里，通过对《译语》音译汉字的详尽而客观实在的分析研究，论证了《译语》音译汉字的基础音系，与《中原音韵》的北方官话音系基本一致的科学论断。进而，还指出，音译汉字有其鲜明的北方白话音系结构特征的学术观点。我们认为，这样的音系结构型特征，表现出明朝初期富有代表性的白话音自然属性，也是当时特定的社会文化环境下的必然产物。

　　关于明朝官话音系，近年来学术界普遍认为，南京音作为主流音系影响了明朝的语言文化的发展。甚至，有些学者持有《译语》及《秘史》音译汉字音系是，以南京音为基础的观点。但是，从明朝初期的政权性质以及语言文化背景来判断，明朝初期和明朝中、晚期的性质是截然不同的。也就是说，明初与元代一样，语言文化的中心以北方为主，社会主流官话方言音属北方官话音系。我们根据《译语》音译汉字的拼写原理，根本找不出与南京音系相关的某些有代表性的音系特征。例如，像鼻音韵尾-n和-ŋ的混淆，以及声母n与l的混淆等语音变化现象都是南京音最为显著的方言音特征。《译语》音译汉字中的鼻音韵尾与蒙古语音节末辅音的对应现象是相当有规律且清楚的。即，蒙古语音节末辅音-n对应于汉语-n韵尾、蒙古语音节末辅音-ng对应于汉语-ŋ韵尾。而且蒙古语音节首位的n辅音对应于汉字的n声母、l辅音对应于l声母。这些有规律的对应关系也是辨别《译语》音译汉字基础音系的重要理论依据。

　　本书通过对《译语》音译汉字全面、系统、翔实的分析研究，深入探讨了音译汉字与《中原音韵》韵母类型的对应现象以及基础音系的结构型特征，从而科学论证了《译语》音译汉字的基础音系是以北方官话音系为基础的方言音体系的结论。由此，进一步提出了音译汉字的基础音系是属于北京话音系的推论。另外，还论述了音译汉字所包含的多方面、多层次的白话语音成分以及白话语言文字等方面的要素。

《译语》音译汉字为我们提供了了解中古蒙古语语音、词汇、语法，以及近代汉语语音结构特征的重要理论依据。同时，音译汉字所拥有的各方面特征，在一定程度上揭示了明朝初期的汉语言及其所处的社会文化特定环境。因此，音译汉字的研究，有其不可忽视的语言科学及社会文化学等方面的重要学术值和深远的历史意义。

参考文献

【资料及史料】

［清］　畢拱辰

　1962　《韻略滙通》　台北：廣文書局

［宋］　陈彭年

　2002　《校正宋本廣韻》　台北：藝文印書館

崔世珍（原録）　俞昌均（再構）

　1973　《較定蒙古韻略　全》　Princeton University,
Reprint by：成文出版社有限会社　台北

崔世珍

　1974　《洪武正韻譯訓》　ソウル：高麗大学校出版部

　1988　《四声通解》　弘文閣

［元］　黄公紹

　1979　《古今韻会挙要》　台北：大化書局印行

黄彰健　校勘

　1984　《明太祖実録》《明実録》（一）縮印本　中文出版社

金尼格

　1957　《西儒耳目資》　全3冊　北京：文字改革出版社

［明］　藍茂

　1962　《韻略易通》　台北：廣文書局印行

利瑪竇（Matteo Ricci）

　　1957　　《明末罗馬字注音文章》　　北京：文字改革出版社

〔宋〕　毛晃　毛居正

　　1982　　《增修互註禮部韻略》　　東京：八尾書店

申叔舟（原纂）　俞昌均（再構）

　　1973　　《四聲通攷》　　Princeton University，Reprint by：成文
出版社有限会社　台北

知恥子　火源潔　郭造卿著　王鳴鶴　茅元儀

1974　　《至元譯語、韃靼譯語、盧龍塞略譯語、登壇必究譯語、
武備志譯語、附録

武備志北虜考譯語（與登壇必究譯語同）》遼金元語文僅存
録 Vol. 5

　　〔元〕　周徳清

　　1996　　明刻本《中原音韻》　　台北：学海出版社印行

【研究论著及论文】

【汉文文献】

爱新觉罗·瀛生（常瀛生）

　　1993　　《北京土话中的满语》　　北京：北京燕京山出版社

北京大学中国语言文学系语言学教研室

　　2003　　《汉語方音字汇》　　北京：语文出版社

蔡美彪

　　1955　　《元代白话碑集录》　　北京：科学出版社

陈彬龢

　　1929　　《元朝秘史》　　学生国学叢书　　上海：商務印書館

陈垣

1934　《元秘史译音用字玫》　北平：国立中央研究院歷史语言研究所

陈重瑜

1992　《中古音之前入声叙声化路线》《中国语文》Vol. 230（1992 年 5 期），352‑363

2002　《北京音系里文白異讀的新旧层次》《中国語文》Vol. 291（2002 年 6 期），550‑558

丁峰

1995　《琉汉对音与明清官话音研究》　北京：中国社会科学出版社

丁声树

1981　《古今字音對照手册》　北京：中華書局

董同禾

2004　《汉语音韵学》　北京：中华书局

耿振生

1992　《明清等韵学通論》　北京：语文出版社

高本漢

1966　《中国音韵学研究》　台北：台湾商务印书馆

高晓虹

2001　《北京话入声字文白异读的历史层次》《语文研究》Vol. 79（2001 年 2 期），39‑45

龚笃清

2007　《明代科举图鉴》　长沙：岳麓书社

贺巍

1995 《汉语官话方言入声消失的成因》 《中国语文》
Vol. 246（1995 年 3 期），195 - 202

胡安顺

2003 《音韵学通论》 北京：中华书局

黄宗鉴

1993 《〈华夷译语〉的蒙古语词首》《民族语文》1993 年 4
期，19 - 22

蒋冀骋

2003 《〈中原音韵〉"寒山""桓欢"分立是周德清方音的
反应》《中国语言学报》Vol. 11，328 - 337

金基石

2003 《朝鲜韵书与明清音系》 黑龙江：黑龙江朝鲜民族
出版社

李得春

1988 《〈四声通解〉今俗音初探》《民族语文》1988 年 5
期，29 - 41

李荣

1995 《南京方言词典》 南京：江苏教育出版社

李文田 注

1985 《元朝秘史》（全三册） 丛书集成初编 北京：中
华书局

李无未

2005 《音韵文献与音韵学史》 长春：吉林文史出版社

林涛

1987 《北京官话溯源》 《中国语文》Vol. 198（1987 年 3

期），161－169

刘勋宁

1995　《再论汉语北方话的分区》　《中国语文》Vol. 249
（1995 年 6 期），447－454

1998　《中原官话北方官话的区别及〈中原音韵〉的语言基
础》《中国语文》Vol. 267（1998 年 6 期），463－468

2005　《一个中原官话中曾经存在过的语音层次》《语文研
究》Vol. 94（2005 年 1 期）49－52

鲁国尧

1985　《明代官话及基础方言问题—读〈利玛窦中国札记〉》
《南京大学学报》（哲学社会科学）1985 年第 4 期，47－52

陆志韦

1971　《汉语音韵学论集》全二集　香港：崇文书店印行

罗常培

1928　《耶稣会士在音韵学上的贡献》《集刊》ol. 1，No. 1，
267－338

1963　《罗常培语言学论文选集》　中国科学院语言研究所
北京：中华书局

宁继福

1964　《〈中原音韵〉二十五声母集说》《中国语文》Vo132
（1964 年第 5 期）337－359，北京：人民教育出版社

1982　《中原音韵表稿》　吉林：吉林文史出版社

1991　《十四世纪大都方言的文白异读》《中原音韵新论》
35－43　北京大学出版社

2003　《洪武正韵研究》　上海：上海辞书出版社

平山久雄

　　2005　《平山久雄语言学论文集》　北京：商务印书馆

王力

　　2003　《汉语音韵学》　北京：中华书局

王立达

　　1958　《太原方言中的"文白异读"现象》《中国语文》Vol. 67（1958 年 1 期）29－30

吴孟雪

　　1993　《明清欧人对中国语言文字的研究》《文史知识》1993 年 1 期　北京：中华书局

薛凤生

　　1986　《北京音系解析》　北京：北京语言学院出版社

　　1999　《汉语音韵史十讲》　北京：华语教育出版社

　　1990　《中原音韵音位系统》　北京：北京语言学院出版社

许世瑛　校订　刘德智　注音

　　1962　《音注中原音韵》　台北：廣文书局印行

杨耐思

　　1981　《中原音韵音系》　北京：中国社会科学院出版社

　　1988　《元代汉语的浊声母》《中国语言学报》第 3 期 96－106　北京：商务印书馆

　　1997　《近代汉语音论》　北京：商务印书馆

杨天戈

　　1980　《说"兀"》　《中国语文》Vol. 158（1980 年 5 期），363－367

楊徵祥

2006 《元代标准韵书音韵系统研究》 台南：国立成功大学中国文学研究所博士論文

叶宝奎

2002 《明清官话音系》 厦门：厦门大学出版社

2008 《也谈〈中原音韵〉之入声韵》《開篇》Vol. 27，77－82

游汝杰

2004 《汉语方言学教程》 上海：上海教育出版社

袁家骅

2000 《汉语方言概要》 北京：语文出版社

俞敏

1986 《现代北京话和元大都话》《中国语学》Vol. 233，1－3

余志鸿

1994 《从〈蒙古秘史〉语言看东乡语》《民族语文》1994年1期，17－22

张玉来

1991 《元明以来韵书中的入声问题》《中国语文》Vol. 224（1991年5期），380－282

1997 《明代官话标准音问题》《中国语研究》Vol. 40，14－19

照那思图 杨耐思

1987 《蒙古字韵校本》 北京：民族出版社

1989 《八思巴字中的零声母符号》《民族语文》1989年2期，29－36

赵荫棠

1932 《中原音韵研究》《国学季刊》Vol. 3，No. 3，421－521 北京：北京大学出版部

钟明立

2007　《普通话"打"字的读音探源》《中国语文》Vol. 320
（2007 年 5 期）470－471

【日文文献】

石田幹之助

1934　「『至元訳語』について」『東洋学叢編』Vol. 1，1－
26　刀江書院

1938　「「盧龍塞略」に見えたる漢・蒙対訳語彙に就いて」
『蒙古学』（財団法人善隣協会）Vol. 2，119－144

1943　「所謂丙種本「華夷訳語」の「韃靼館訳語」」『北亜
細亜学報』（亜細亜文化研究所）Vol. 2，1－53

石山福治

1925　『攷定中原音韻』　東洋文庫論叢第一　東洋文庫

岩城秀夫

1964　「明代戯曲の特質」『日本中国学学会』Vol. 16，166－176

1974　『中国戯曲演劇研究』　創文社

榎一雄

1951　「増訂・元朝秘史関係文献簡目」『東洋学報』
Vol. 33－3・4，441－449

太田辰夫

1954　「漢児言語について－白話発達史に関する試論－」
『神戸外大論叢』Vol. 5，No. 2，1－29

1957　「「罷」の歴史について」『中国語学』Vol. 62，7－10

1988　『中国語史通考』　白帝社

長田夏樹

　1949　「元仁宗皇帝聖旨碑の白話碑に就いて」『神戸外大論叢』Vol. 1，No. 1，21－30. 2000　『長田夏樹論述集（上）近代漢語の成立と胡漢複合文化―靺鞨韃靼・遊仙窟・扶桑権域・宋詞・西夏の言語とその基層文化―』4－14　ナカニシヤ出版

　1953a　「元代の中・蒙対訳語彙『至元訳語』」『神戸外大論叢』Vol. 4 No. 2－3，91－118. 2000『長田夏樹論述集（上）近代漢語の成立と胡漢複合文化―靺鞨韃靼・遊仙窟・扶桑権域・宋詞・西夏の言語とその基層文化―』15－64　ナカニシヤ出版

　1953b　「北京文語音の起源に就いて」『中国語学研究会報』Vol. 11，1－8

小澤重男

　1979　『中世蒙古語諸形態の研究』　　開明書院

　1984－1986　『元朝秘史全釈』（上、中、下）　風間書房

　1987－1989　『元朝秘史全釈続攷』（上、中、下）　風間書房

　1994　『元朝秘史』　岩波書店

　1993&2000　『元朝秘史蒙古語文法講義』（続講）　風間書房

　1997　『蒙古語文語文法講義』　大学書林

　1997　「「元朝秘史」原文における「罷原作伯」についての覚書」『日本モンゴル学会紀要』Vol. 27，91－98

越智小百合

　2003　「『元朝秘史』モンゴル語の音韻に関する研究」京都大学修士論文

小貫雅男

《华夷译语》(甲种本)音译汉字研究

1966 「元朝秘史と現代ハルハ蒙古語（1）―接尾辞「禿」「台」について―」『大阪外国語大学学報』Vol. 16, 229-251

角道正佳

2006 「言語接触かドリフトか―河湟語の場合―」『大阪外国語大学論集』Vol. 34, 65-92

2008 『土族互助方言の研究』 松香堂

栗林均　确精扎布

2001 『『元朝秘史』モンゴル語全単語・語尾索引』東北大学東北アジア研究センター叢書　第4号

栗林均

1982 「蒙古語史における「iの折れ」の問題点」『言語研究』Vol. 82, 29-47

2002 「『元朝秘史』と『華夷訳語』における与位格接尾辞の書き分け規則について」『言語研究』Vol. 121, 1-18

2003 「『華夷訳語』（甲種本）モンゴル語全単語・語尾索引」東北大学東北アジア研究センター叢書　第10号

2005 「『華夷訳語』と『元朝秘史』におけるモンゴル語の動詞過去形語尾＝ba/＝be, ＝bi, ＝bai/＝beiを表す漢字について」『東北アジア研究』Vol. 9, 57-87

2006 「『元朝秘史』におけるモンゴル語音訳漢字書き分けの原則―u/üを表す漢字を事例として―」『東北アジア研究』Vol10, 75-92

2007 「『華夷訳語』（甲種本）における同音漢字の書き分けについて」『華夷訳語論文集』語学教育フォーラムVol. 13, 155-166　大東文化大学語学教育研究所

河野六郎

　　1979　『中国音韻学論文集』　　『河野六郎著作集』Vol. 2
平凡社

　小林高四郎

　　1941　『蒙古の秘史』　生活社

　　1942　「明代の言語資料としての元朝秘史について」『中
国文学』Vol. 80, 517−525

　　1952　「ペリオ教授ラテン字転写並びに譯註『元朝秘史』
に就いて―附アフメト・テミル氏トルコ語譯註本―」『遊牧民族の
社会と文化』（ユーラシア学会編）　67−85

　　1954　『元朝秘史の研究』　日本学術振興会

　斎藤純男

　　1990　「中期モンゴル語漢字音訳文献における子音重複現
象」『日本モンゴル学会紀要』Vol. 20, 1−16

　　2003　『中期モンゴル語の文字と音声』　松香堂

　佐藤昭

　　1979　「北京語の口語音と文語音」『横浜国立大学人文紀
要』第二類 Vol. 26, 21−33

　　1981　「中古宕江摂入声字と北京口語音」『横浜国立大学
人文紀要』第二類 Vol. 28, 43−64

　　2002　『中国語音韻史―中古音から現代音まで―』　白
帝社

　佐藤喜之

　　1990　「モンゴル関係中国近世語研究目録稿」中国語学研
究『開篇』（早稲田大学文学部中国文学科中国語学研究班）Vol. 7

1994 「『元朝秘史』『華夷訳語』総訳の「麼道」について」『早稲田大学大学院文学研究科紀要』別冊 Vol. 20 文学・芸術学編 101－110

佐々木猛

1981 「卓従之『中州楽府音韻類編』考定本」『均社論叢』（京都大学文学部中文研究室）Vol. 10，38－65 小川環樹先生古稀記念号

1994 「最後の北曲系韻書『詞林韻釈』あるいは『詞林要韻』」京都大学人文科学研究所研究報告 高田時雄編『中国語史の資料と方法』157－224

2003a 「張竹梅『瓊林雅韻研究』を紹介し併せて関連の研究を論評する」『大阪外国語語大学論集 Vol. 28，133－144

2003b 「『瓊林雅韻』二本」大阪外国語大学言語社会学会誌 *Ex oriente* Vol. 9，199－211

2003c 「『古今韻会挙要研究』を読む」『集刊東洋学』（中国文史哲研究会）Vol. 90，22－33

更科慎一

2007 「甲種本『華夷訳語』音訳漢字の基礎方言の問題」『佐藤進教授還暦記念中国語論集』186－198 好文出版白鳥庫吉

1943 『音訳蒙文元朝秘史』 東洋文庫

高田時雄

2001 『明清時代の音韻学』 京都大学人文科学研究所

藤堂明保

1952 「官話の成立過程から見た西儒耳目資」『東方学』Vol. 5，99－122

1964 「明代言語の一側面―言語からみた小説の成立年代―」『日本中国学学会』Vol. 16，177 – 189

1980 『中国音韻論―その歴史的研究―』 光生館

竹越孝

2006 「『至元訳語』校異」『KOTONOHA』（古代文字資料館発行）第 43 号 http：//www. for. aichi － pu. ac. jp/museum/setsumei/kotonoha － set. html

2006 「『至元訳語』漢語語彙索引」『KOTONOHA』第 46 号

内藤湖南

1969 『内藤湖南全集』 筑摩書房

那珂通世

1943 『成吉思汗実録』 筑摩書房

中村雅之

2003a 「漢字音訳本『元朝秘史』の成立について」『KOTONOHA』第 4 号

2003b 「服部四郎氏の元朝秘史パスパ字本原典説について」『KOTONOHA』第 5 号

2003c 「「華夷訳語凡例」をめぐる覚書」『KOTONOHA』第 8 号

2003d 「四声通解に引く蒙古韻略について」『KOTONOHA』第 9 号

2003e 「パスパ文字漢語表記から見た中世モンゴル語の音声」『KOTONOHA』第 11 号

2005 「ウイグル文字モンゴル語に見える漢語語彙の表記」

『KOTONOHA』第 31 号

　　2006a　「近世音資料における果摂一等の表記」『KOTONO-HA』第 39 号

　　2006b　「近世音資料における果摂一等（舌歯音）の扱い」『KOTONOHA』第 45 号

　　2007a　「漢語ゼロ声母考」『KOTONOHA』第 51 号

　　2007b　「『華夷訳語（甲種）』漢字音訳の基礎方言」『KOTONOHA』第 53 号

　　2007c　「官話と北京語」『KOTONOHA』第 54 号橋本萬太郎

　　1989　「中古中國語全濁音の波状擴」『東方学論集』633 - 647

服部四郎

　　1944　『蒙文元秘史　巻一』　文求堂

　　1944　「元朝秘史蒙古語の o および ö に終わる音節を表す漢字のシナ語音の簡略ローマ字転写」『国語学論集』（橋本博士還暦記念）67 - 95　岩波書店

　　1946　『元朝秘史の蒙古語を表はす漢字の研究』　文求堂

　　1974　「『元朝秘史』における「古温」《人》という語について―秘史モンゴル語再構成の方法に関して―」『宇野哲人先生白壽祝賀記念東洋学論叢』815 - 828

　　1986　『服部四郎論文集』　三省堂

　　1990　「蒙古語の qaɣan《皇帝》と動詞語幹 qaɣa -《閉める》との関係」『東方学論集』972 - 954

服部四郎　藤堂明保

　　1958　『中原音韻の研究』校本編　江南書院

花登正宏

1997　『古今韻会挙要研究』　汲古書院

林友春

1958　「元明時代の書院教育」林友春編『近世中国教育史研究』3‒23　国土社

原山煌（編）

1978　「元朝秘史関係文献目録」『日本モンゴル学会会報』Vol. 9，18‒53

平田昌司

2000　「科挙制度と中国語史」『古典学の再構築』Vol. 7，54‒60

2001　「制度化される清代官話―科挙制度と中国語史第八―」高田時雄編『明清時代の音韻学』31‒59　京都大学人文科学研究所

2006　「黄公紹傳考」『日本中国学会報』Vol. 58，292‒307. 日本中国学学会

平山久雄

1960a　「中古入声と北京語声調の対応通則」『日本中国学会報』Vol. 12，139‒156

1960b　「「喫」の北京音の由来」『中国語学』Vol. 98，14‒15

布日古德

2007　「『元朝秘史』における漢字音の「文白異読」」『日本モンゴル学会紀要』Vol. 37，33‒43

2009　「『元朝秘史』における漢字音の基礎音系」」『日

本モンゴル学会紀要』Vol. 39, 19 - 29

　　2009　　『元朝秘史』における漢字音の研究　　大阪大学言語社会学研究科

　　古屋昭弘

　　1998　　「明代知識人の言語生活―万暦年間を中心に―」『現代中国語学への視座』145 - 165　東方書店

　　2005　　「「官話」と「南京」についてのメモ―「近代官話音系国際学術研討会」に参加して―」『開篇』Vol. 25, 119 - 123

　　呼日勒巴特尔

　　1997　　「『蒙古秘史』におけるモンゴル語の文法的接尾辞とその漢語傍訳について」『日本モンゴル学会紀要』Vol. 28, 107 -117

　　2000　　「『モンゴル秘史』モンゴル語における – yuán/-yuanの構造と意味について」『日本モンゴル学会紀要』Vol. 30, 89 - 95

　　満田新造

　　1964　　『中国音韻史論考』　　武蔵野書院

　　宮崎市定

　　1969　　「洪武から永楽へ―初期明朝政権の性格―」『東洋史研究』Vol. 27, No. 4, 1 - 23

　　1984　　『科挙』　　中央公論社（中公文庫 M227）

　　宮紀子

　　2006　　『モンゴル時代の出版文化』　　名古屋大学出版会

　　村上正二（訳注）

　　1970 - 1976　『モンゴル秘史』（全三冊）　　東洋文庫　平凡社

　　村山七郎

　　1961　「華夷訳語と元朝秘史との成立の先後に関する問題の解決」『東方学』Vol. 22, 115‑130

　　1969　「中期モンゴル語に保存されたモンゴル語の非派生的長母音」『福田良輔教授退官記念論文集』1‑21, 九州大学文学部国語国文学研究室福田良輔教授退官記念事業会

　山川英彦

　　1976　「元朝秘史総訳札記」『名古屋大学文学部研究論集』文学 Vol. 23（LXⅦ）, 63‑79

　　1978　「「華夷訳語」の総訳―元明期白話研究の資料として―」『名古屋大学文学部研究論集』文学 Vol. 25（LXXⅢ）, 103‑111

　　1989　「『元朝秘史』の蒙古語動詞終止形語尾と対応する中国語訳との比較研究試探」『神戸外大論叢』Vol. 40, No. 5, 1‑18

　山崎忠

　　1951　「甲種本華夷訳語の音訳漢字の研究―語彙の部―」『天理大学学報』Vol. 5, 55‑80

　　1952　「いわゆる甲種本華夷訳語の音訳漢字の研究―文例の部―」『遊牧民族の社会と文化』（ユーラシア学会編）87‑111

　　1953　「増訂華夷訳語語釈（一）―いわゆる甲種本の語彙の部―」『天理大学学報』Vol. 10, 116‑134

　山本隆義

　　1954　「元代に於ける翰林学士院について」『東方学』Vol. 11, 81‑99

　吉池孝一

　　1996　「中世モンゴル語の漢字音訳と「蒙古字韻総括変化之図」『日本モンゴル学会紀要』Vol. 27，77‒90

　　2000　「ウイグル文書のパスパ字漢語印」『日本モンゴル学会紀要』Vol. 30，109‒118

　　2003　「軼䡴館雑字 h‒について」『KOTONOHA』第 4 号

　　2003　「元朝秘史の区分と音訳漢字の分布」『KOTONOHA』第 6 号

　　2003　「軼䡴館雑字 h‒について」『KOTONOHA』第 4 号

　　2005　「カールグレン氏のETUDESで言及されたモンゴル語の諸文献について」　『KOTONOHA』第 26 号

　　2005　「内藤湖南と元朝秘史パスパ文字本原典説」『KOTONOHA』第 31 号

　　2005　「哥葛などの元代音について」　『KOTONOHA』36 号

　　2006　「至元訳語のqとγについて」『KOTONOHA』第 43 号
吉川幸次郎述　黒川洋一編

　　1974　『中国文学史』　岩波書店
頼惟勤

　　1988　『中国音韻論集』頼惟勤著作集Ⅰ　汲古書院
李思敬著　慶谷壽信・佐藤進編訳

　　1995　『音韻のはなし：中国音韻学の基礎知識』　東京：光生館

【蒙古文文献】
Bayar

1979 *Mongγol un niγuča tobčiyan* Öber Mongγol un   arad un keblel ün qoriy-a Kökeqota

Kereyidjin. D. Bürgüd

2006 *Mongγol un niγuča tobčiyan* -u a egešik-i temdekleksen kitad γaliq bolun Zhong yuan Yin yun deki Jia-ma angγi yin tokiralčaγan-u baidal. *Mongγul kele bičik.* Vol. 345 (2006 年 12 期), 13－16

Б. Сумъяабаатар

1990 *Mongγol un niγuča tobčiyan*   Үсгийн галиг Д. Сухбаатарын нэрэмжит Улсын хэвлэлийн газар, Улаанбаатар

Čeringsodnam

1993 *Mongγol un niγuča tobčiyan u orčiγulγ-a tayilburi* ündüsüten ü keblel ün qoriy-a,   Begejing

Eldengtei   Ardajab

1986 *Mongγol un niγuča tobčiyan* － seyiregülül tayilburi Öbür Mongγol un surγan kümüjil ün keblel ün qoriy-a, Kökeqota

М. Хашимото

2001 *Монголын Нууц Товчооны Могол Хэлний Судалгаа* Улаанбаатар

Yekemingγadai Irinčin

1987 *Mongγol un niγuča tobčiyan*   c̈bür Mongγol un yeke surγaγuli yin keblel ün qoriy-a, Kc̈keqota

Козин

1978 *Mongγol un niγuča tobčiyan u üges ün tayilburi*   Öbür Mongγol un baγši yin degedü surγaγuli yin monγol kele udq-a jokiyal un mergejil ün sudulqu tasuγ, Kökeqota

Lubsan-Dandzan (bLo-bzan-dan-d'jin)

1982 *Erten-ü qad-un türü yosun-u jokiyal-i tobcilan quriyaqsan Altan tobči* Öber Mongγol un arad un keblel ün qoriy-a , Kökeqota

Л. Маналжав

1969 "*Монголын Нууц Товчооны*" Хэлний урт эгшгийн тухай асуудалд, БНМАУ ШУА-ийн *Хэл зохиолын судлал* Vol. 6, Fasc4, 68-77 Улаанбаатар

Šongqur

1996 *Erten ü Mongγol kelen ü sudulul* Öbür Mongγol un surγan kümüjil ün keblel ün qoriy-a, Kökeqota

2001 *Mongγol un niγuča tobčiyan u sergügelte* Öbür Mongγol un arad un keblel ün qoriy-a, Kökeqota

Д. Төмөртогоо

1992 *Монгол хэлэний тҮҮхэн хэлзҮйн Ундэс Монгол хэлэний тҮҮхэн авиа зҮй*, Улаанбаатар

Rinčindorji

1991 Mongγol un niγuča tobčiyan u mongγol bičig ün bar keblel üüd, *Mongγol un niγuča tobčiyan u sudululγan*, 544-554, Öbür Mongγol un arad un keblel ün qoriy−a, Kökeqota

【欧文文献】

Finch, Roger

1986 Toward a Reconstruction of the Chinese Characters Used for *The Secret History of the Mongols.* 『京都産業大学国際言語科学研究所所報』 Vol. 7, No. 2, 214-239

Francis Woodman Cleaves,

1982 *The Secret History of the Mongols.* Vol. 1 (Translation). Cambridge, Mass. Harvard University Press. London

Haenisch, Erich

1939 *Wörterbuch zu Manghol un Niuca Tobca'an* (*Yüan-ch'ao Pi-shi*), *Geheime Geschichte der Mongolen*, Leipzig.

Igor de Rachewiltz

1971 *Index To The Secret History of the Mongols*, Uralic and Altaic series, Volum121 Indiana university. Bloomingtn

Karlgren, Bernhard

1949 *The Chinese language* : *an essay on its nature and history*, New York : Ronald Press.

Louis Ligeti

1971 *Histoir secrète des Mongols* (Monumenta Linguae Mongolicae Collecta I) Akadémiai Kiadó, Budapest.

1974 *Histoir secrète des Mongols* : Texte en écriture ouigoure incorporé dans la Chronique Altan Tobči de Blo-bzan bstan-'jin. (Monumenta Linguae Mongolicae Collecta VI)

M. A. K. Halliday

1959 *The Language of the Chinese "Secret history of the Mongols"*, Publications of the philological society, XVII, Oxford.

Pelliot, Paul

1949 *Histoire secrète des mongoles*: *Restitution du texte mongol et traduction française des chapitres I à VI*, Paris: Adrien-Maisonneuve.

【朝鲜文文献】

朴炳采

　　1983　　『洪武正韻譯訓　新研究』　　ソウル：高麗大学民族文化研究所出版部

附录　**1**

《中原音韵》所收《蒙古秘史》音译汉字列表

说明：括弧中的字在《中原音韵》中有两种读音。

一　东钟

平声阴类：翁 ^中翁公籠松　充中 ^舌籠
平声阳类：農 ^中洪洪蒙潼
上　　声：孔統董冡種
去　　声：（中）

二　江阳

平声阴类：汪邦 ^中康 ^中荒匡桑相襄倉黨昌莊
平声阳类：昂王杭忙郎良涼唐堂長羊揚陽楊 ^舌郎 ^舌良
上　　声：蟒想長敞掌
去　　声：（王）^中晃（相）（黨）

三　支思

平声阴类：思
平声阳类：兒 ^舌洏
上　　声：
去　　声：（食）（思）
入作平声：
入作上声：（塞）

入作去声:

四　齐微

平声阴类:希 西 知 ^中灰 歸 推 堆

平声阳类:宜 泥 迷 黎 池 ^舌驪 危 爲 梅 雷 垂 ^舌雷

上　　声:你 喜 蟢 米 里 理 ^舌里 ^舌理 委 癸

去　　声:畏 備 遂 對

入作平声:石 食 實

入作上声:必 畢 乞 吉 汲 昔 失 拭 濕 識 释 的 叱 赤 只 國 北 德 黑

入作去声:翊 翼 驛 力 勒

五　鱼模

平声阴类:嗚 枯 (沽) 都 諸 夫

平声阳类:浯 模 爐 途 圖 除 余 鱼 (夫)

上　　声:弩 許 古 估 沽 詁 魯 速 暑 土 秃 覰 主 渚 禹 ^舌魯 府 撫

去　　声:步 捕 祿 ^舌路 務

入作平声:突

入作上声:兀 卜 不 ^中忽 ^中窟 曲 窟 忽 出 竹

入作去声:訥 木 沐 ^舌祿

六　皆来

平声阴类:唉 埃 篩 齋

平声阳类:(能) ^中孩 該 埋 來 台 ^舌來 槐

上　　声:擺 乃 ^中海 給

去　　声:拜 奈 塞 賽 太 泰 率

入作平声：白

入作上声：客格伯索澤

入作去声：厄額

七　真文

平声阴类：因温賓奔 ^中坤 ^中昆坤欣斤昆裩孫申敦墩嗔真諄

平声阳类：寅紉 ^中渾勤昏渾民門捫闉鄰循屯臣陳純云 ^舌鄰 ^舌論 ^舌輪

上　　声：引穩敏損哂盾准

去　　声：(奔) 嫩 (盾)

八　寒山

平声阴类：安　班般 ^中干刊干丹

平声阳类：難關蠻闌壇潺顏 ^舌闌

上　　声： ^中罕散盞

去　　声：(難) (散)

九　桓欢

平声阴类： ^中歡寬官湍端

平声阳类：完桓欒團 ^舌欒

上　　声： ^中管管

去　　声：

十　先天

平声阴类：牽堅　宣顛韆

平声阳类：邊 年 虔 綿 連 旋 田 闐 廛 纏 躔 禪 延 筵 ^舌連

上　　声：撚

去　　声：(牽)　(旋)　(闐)　(纏)　　　(禪)

十一　萧豪

平声阴类：抄 超 招

平声阳类：挑 潮

上　　声：保 好 卯 老 掃 討 倒 (挑)

去　　声：奧 (好)　　(掃)　　(倒)　 沼 趙

入作平声：嘯

入作上声：(索) 搠 綽 桌

入作去声：约 (沫) (莫)

十二　歌戈

平声阴类：阿 訶 戈 哥 梭 莎 拖 多

平声阳类：那 河 羅 ^舌羅 ^舌騾

上　　声：(那) ^中火 可 火 果 鎖 朵

去　　声：(那)

入作平声：^中合

入作上声：闊 葛 歌 抹 脫

入作去声：沫 莫 捋

十三　家麻

平声阴类：巴 花 加 沙 哇 洼 蛙

平声阳类：杷 麻 牙

上　　声：把馬打瓦

去　　声：(那)罷迓

入作平声：達

入作上声：八撒塔榻察

入作去声：衲納

十四　车遮

平声阴类：

平声阳类：耶

上　　声：者也

去　　声：

入作平声：別協垤迭経跌折

入作上声：(別)(客)泄薛帖鐵(折)哲雪拙

入作去声：(額)捏篋列^舌列劣月^舌劣

十五　庚青

平声阴类：輕興京僧升登丁稱征

平声阳类：能令零騰丞成誠^舌零

上　　声：影領整

去　　声：(令)(稱)

十六　尤侯

平声阴类：抽周州鈎

平声阳类：雷

上　　声：苟紐守

去　　声：糠

入作平声：

入作上声：(竹)

入作去声：

十七　侵寻

平声阴类：音 欽

平声阳类：琴 沉^舌林

上　　声：

去　　声：

十八　监咸

平声阴类：唵 弇 甘 三 毯 探 攙

平声阳类：南 喃^中含 含 藍 談^舌藍^舌籃

上　　声：俺 坎 砍 敢 黯

去　　声：(探) 站

十九　廉纤

平声阴类：兼 添 瞻 詹

平声阳类：撏^舌廉

上　　声：忝 點 奄

去　　声：

附录　2

《华夷译语》（甲种本）

華夷譯語凡例

用漢字譯寫胡語其中間有有聲無字者

全特借聲音相近字樣立倒于後讀者依

例求之則無不諧矣

一字傍小注中字者乃喉內音也如恰

惣之類

一字傍小注舌字者乃舌頭音也必彈

舌讀之如現里喇魯侖之類

一字傍小注丁字者頂舌音也以舌尖

頂上齶讀之如溫兀谿斡之類

一字下小注勒字者亦與頂舌同如冰

呼莫孫之類

一字下小注黑字惕克字者皆急讀

帶過音也不用讀出

一字下小注卜字必字者皆急讀合口

音也亦不用讀出

華夷譯語

天文門

天　騰吉理

日　納蘭

月　撒謝

星　火敦

雲　額兀連

風　克

霜　乞喇兀

煙　急飘

雪　察孫

冰　莫勒孫

雷　騰吉理董幟敦

霖　主薛

虹　莎郎哈

露　石兀迷鄉

雨　惚剌

霧　抹你牙兒

電　急里列里干

霓門　都兒

天河　騰吉理因幹牙剌兒

地理門

地　恰札兒

土　石喇兀

山　阿兀剌

林　槐

河　木璉

湖　納兀兒

· 185 ·

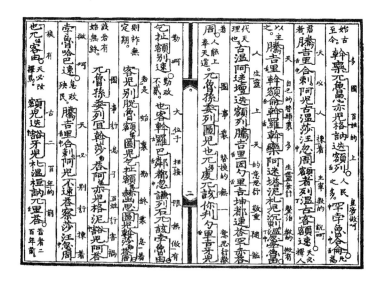

附录　3

《中原音韵》

東鍾

平聲

陰

中原音韻　正語之本　變雅之端

高安挺齋周德清輯

東冬○鍾鐘中忠衷終○通通○

松嵩○冲充衝舂忡椿幢種翀种

○芭罌罋○空悾○宗椶騣○風

楓豐封對峯鋒烽丰蜂○鬆惚○

《西儒耳目资》

第一攝 a 一字元母之一

○同鳴字父

輕○則者格百德日物弗額勒麥掇色石○

○字　西 c̨ ȝ ch k p t j v ſ g l m n s x h

重○測掇克䫌怣　○○○○○○○○○○○　黑

○清平

○自鳴字母
ā字無
之本母有音而無字者切借其子代之後徹此

○共生字子
ā字無
或有共生之子空有其音而後徹此
可列者則其切斉不立也後做此

則沙　切　cā　嗟　差善瑳諓　且　韻

者沙　cha　楂槎查攝櫚篆遳　且　參俎岨櫃

擦沙　cha　差叉艖敊权叔鑔咤敊　髪莔參俎岨櫃

明音韻普　元母

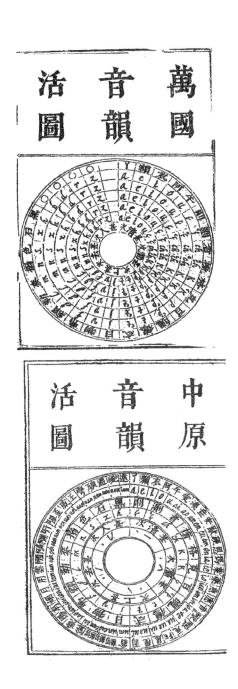

附录　5

《广韵》

側　臻第十九

武　分文第二十　欣同用

許　欣第二十一　　戎本有衝刑
語　元第二十二　魂痕同用

戸　魂第二十三
恩　痕第二十四

胡　寒第二十五　　桓同用
安　　　　官　桓第二十六

所　删第二十七　山同用
菆　　　　　間　所　山第二十八

一。東　春方也説文曰動也从日在木中亦東風菜廣州記云陸地生鹽
赤和肉作羹味如酪香似蘭吳都賦云草則東風扶留又姓又漢複姓十三氏左傳魯獻公子
夫東郭偃又有東宮得臣晉有東關嬖五神仙傳有廣陵人東陵聖母
友有東不訾又漢複姓十三氏左傳魯
適杜氏齊景公時有隱居東海姓者乃以爲氏又廣陵人東鄉
英賢傳云今高密有東鄉姓宋有負外郎東陽無疑撰齊諧記七卷昔
有東閭子甞富貴後乞於道云吾爲相六年未薦一士夏禹之後東樓
公封于杞後以爲氏莊子東野稷漢有平原東方朔曹瞞傳有南陽太
守東里昆何氏姓苑有
東萊氏德紅切十七

菓　東風菜義見上注俗加艸

鶇　鶇鳩鳥名美形出廣雅亦作鶇
獸　各

索　引

23, 25, 26, 27, 28, 29, 30, 31, 32, 33, 34, 35, 36, 37, 38, 39, 40, 41, 42, 43, 44, 45, 46, 47, 48, 49, 51, 52, 53, 54, 55, 56, 57, 58, 59, 60, 61, 62, 63, 64, 65, 66, 67, 68, 69, 70, 71, 72, 73, 74, 75, 76, 77, 78, 79, 80, 81, 82, 83, 84, 85, 86, 87, 88, 89, 94, 97, 99, 102, 103, 104, 105, 106, 107, 108, 110, 111, 112, 113, 114, 115, 116, 117, 118, 119, 120, 121, 123, 124, 125, 127, 129, 130, 150, 151, 152, 153, 154, 155, 160, 161, 162, 163, 179, 187

11. 洪武正韵 13, 15, 16, 18, 25, 108, 121, 161

12. 西儒耳目资 13, 16, 98, 188

13. 阿 7, 8, 10, 22, 23, 24, 25, 26, 27, 29, 32, 33, 62, 97, 100, 118, 119, 120, 121, 122, 123, 130, 131, 135, 136, 137, 140, 142, 150, 154, 182, 191

14. 中合 103, 106, 119, 121, 122, 134, 182

15. 花 22, 27, 28, 29, 32, 33, 94, 134, 171, 182

16. 牙 5, 22, 29, 30, 32, 33, 39, 100, 115, 137, 145, 182

17. 加 6, 9, 12, 13, 17, 18, 19, 20, 22, 29, 30, 33, 35, 53, 93, 101, 113, 132, 133, 137, 138, 145, 149, 172, 182, 192,

18. 瓦 22, 30, 31, 32, 33, 142, 147, 183

19. 家麻韵 22, 23, 28, 29, 30, 31, 32, 88, 115, 119, 151

20. 歌戈韵 6, 10, 22, 23, 32, 47, 48, 88, 97, 102, 107, 108, 109, 119, 120, 129, 150, 151

21. 额 8, 33, 34, 35, 36, 37, 38, 39, 42, 53, 78, 104, 106, 109, 110, 111, 112, 113, 114, 115, 116, 117, 118, 123,

129，131，132，145，147，153，154，181，183

22. 客 12，33，34，36，37，38，39，40，43，53，109，110，
111，112，113，114，115，116，118，129，135，148，153，154，
155，181，183

23. 刻 15，33，38，43，59，60，109，110，111，112，114，
118，129，135，153，154，158

24. 格 3，11，12，25，26，30，33，34，35，36，38，39，40，
43，47，59，83，88，92，102，103，109，110，111，112，114，
115，118，121，129，131，134，135，136，137，144，145，148，
152，153，154，157，166，172，181

25. 小 2，3，5，21，22，23，25，29，30，32，33，34，40，
41，42，43，45，47，48，51，54，57，58，60，62，63，64，65，
66，67，68，69，70，71，72，73，75，76，77，79，80，81，82，
83，84，85，86，87，88，96，102，106，124，127，128，129，
140，145，151，165，167，168，169

26. 黑 1，25，26，27，28，30，33，34，35，36，38，39，40，
41，43，59，61，100，104，106，109，110，111，112，113，114，
115，118，121，129，131，133，134，135，136，137，138，139，
143，144，145，153，154，160

27. 车遮韵 6，34，36，37，39，40，41，42，47，48，88，
102，105，106，107，112，113，115，116，129，151，153，154

28. 皆来韵 9，6，34，35，37，38，42，57，58，61，62，88，
102，112，113，114，115，116，118，129，152，154

29. 萧豪韵 6，8，9，34，35，47，48，64，65，66，88，89，
102，103，104，105，106，107，108，109，113，129，151，

152，153

30. 齐微韵 34，42，43，44，45，51，52，54，60，62，63，88，112，115，151，152

31. 亦 1，43，44，45，57，62，100，131

32. 式 3，7，8，9，10，11，12，14，18，20，22，23，25，28，29，30，32，33，34，40，41，42，43，44，45，46，47，48，49，51，52，54，55，56，57，58，59，60，61，62，63，64，65，66，67，68，69，71，72，73，75，76，77，79，80，81，82，83，84，85，86，87，88，89，90，92，97，98，99，100，101，102，105，106，107，109，111，112，117，118，123，124，125，126，127，128，129，130，131，132，133，134，135，136，137，138，139，140，141，142，143，144，145，146，147，150，151，152，153，154，191

33. 鱼模韵 51，54，88，99，152

34. 眉 51，52，55，138

35. 抽 51，52，53，54，56，143，145，183

36. 周 4，14，15，20，35，51，52，53，54，56，105，108，113，128，145，158，160，183

37. 歹 56，57，59，142

38. 克 5，28，56，59，60，63，83，84，109，110，111，112，117，118，129，134，135，137，153，192

39. 槐 56，61，62，100，136，180

40. 恢 56，61，62，63，64，134，135，136

41. 尤侯韵 51，54，65，66，67，88，89，152

42. 纽 1，57，66，67，68，132，183

后　记

　　本书由我的博士后出站报告修改而成。我从 2009 年 10 月至 2011 年 7 月在中国社会科学院民族学与人类学研究所北方民族语言研究室从事博士后研究工作。在站起间主要对《华夷译语》（甲种本）中拼写蒙古语的音译汉字进行了系统的分析与研究，并将研究成果撰写为出站报告。现有幸得到中国博士后文库出版资助，将其出版发行，望与学术界同仁共同探讨。

　　蒙古人自古以来似乎对文字有着特殊的追求。在不同的历史阶段，蒙古人使用过多种文字。如，回鹘式蒙古文、八思巴文、阿里嘎里文、托忒文、索永布字、西里尔式蒙古文等都在蒙古族社会、经济、政治、文化发展进程中起到过重要的作用。元明时期，蒙古人也曾使用汉字拼写过蒙古语语音。在本书中，我们称这一汉字符号系统为"音译汉字"。

　　蒙古语"音译汉字"的研究，对于中世纪蒙古语的研究至关重要。多年来，学术界对音译汉字的研究颇为关注，相关研究成果也有不少。可惜这些成果大多集中在蒙古语词汇学、形态学方面的问题上。正确地解读"音译汉字"这一文字符号系统，还需从蒙古语语音学与汉语音韵学相结合的理论视角出发，对音译汉字逐一进行拟音分析。本人的研究初衷也正是为了填补该学术领域中这一不足之处，对《华夷译语》（甲种本）音译汉字的基础音系结构特征进行了详尽而系统的探讨。

在这里还有必要提到的是，本人在攻读博士课程期间，对《蒙古秘史》的音译汉字进行过全面的分析与研究。博士论文《蒙古秘史音译汉字研究》可称为本书的姐妹作。近年来，我在蒙古语音译汉字研究方面下了苦工，同时积累了丰富的古今中外相关研究资料。所有这些，为我将来在该学术领域更加深入系统地研究蒙古语音译汉字，打下了雄厚的科研基础。毫无疑问，这些科研工作，为科学研究"蒙古语音译汉字"这一文字符号系统，提供了极其重要而可靠的学术理论依据。

首先，本书在写作、修改过程中，得到我的博士后合作导师朝克研究员的悉心指导，使我受益良多。从课题研究方法与理论框架的确定，到文章的结构安排和内容，每个环节都凝聚着恩师的教诲与心血，在此向恩师表示我最衷心的感谢；其次，诚挚地感谢中国博士后文库审查委员会专家学者及相关工作人员，对该成果给予的肯定评价，以及纳入博士后文库出版计划；同时，也非常感谢中国社会科学院科研局评审组审查通过该项成果；最后，还要十分感谢，为该书的出版付出辛勤劳作的审稿及编辑工作人员。总之，这本成果在大家的帮助、关心、支持下，才得以顺利问世。对此，在这里，再次表示深深谢意。

就像任何一个科研成果完成出书之时总有一些遗憾，该成果中也肯定存在不足之处。在此诚恳地希望学术前辈及其学术界同仁提出宝贵批评意见，使该项研究事业取得更加理想的发展。我深信，该项研究成果的顺利出版，将会发挥其重要的现实学术价值和长远的学术理论意义，并积极推动蒙古语音译汉字研究事业的繁荣发展。

布日古德

2012 年 4 月于北京